U0041715

Patrick de Sincey

Laurent Allen-Caron

Karl Lagerfeld

紀念帕特里克 · 辛提維

En mémoire de Patrick de Sinety

目錄
CONTENTS

前言

　　他的公關室幾乎沒有一天不會發布新的跨界合作、新的建築計畫、新的服裝系列。超過六十餘載，卡爾拉格斐從未鬆懈，以瘋狂的高速節奏，永不枯竭的創造力，次次都能展現時下潮流最令人嚮往的模樣。

　　難以匹敵的時尚敏銳度，橫越數個世代的才華，使卡爾拉格斐成為獨一無二的設計師。他始終活躍，親手繪製所有的設計稿，化為一套套華服，在如夢似幻的場景中展演。

　　時尚世界並非唯一能讓卡爾拉格斐一展長才的領域。他的光芒遠超過伸展臺，已然是時尚偶像，幾乎成為神話。

　　光是他一個人，便成就一段時尚史。

　　拉格斐是德國人，卻在法國決定成為「卡爾」──一個完全量身打造的虛構人物，一個黑、灰、白的活生生商標，

在全世界發光發熱。

　　他的成功關鍵在於掌握一門藝術至爐火純青的地步：每個當下都是奮鬥，絕不回首過往。這門藝術並不容易拿捏平衡，卻能令他既現代又雋永，歷久彌新。

　　可預期地，傳奇的背後，有一個男人，還有一段故事。而傳奇和背後的故事環環相扣。要了解這些故事，就必須追本溯源，回到時尚大帝舉世無雙的成功的起點，尋找舊日蹤跡，拼湊出卡爾拉格斐的樣貌。

書香魅影

　　街頭各處，多少能見到寫有抗議標語的布條。這一帶正在醞釀抗議活動。2016 年 6 月，陽光照耀巴士底廣場，巴士底歌劇院的外牆也因此閃動粼粼波光。距離抗議現場不遠處的歌劇院內，市區的嘈雜聲被厚重的黑色簾幕隔絕在外，僅能隱約察覺。劇院內幾乎冷到發寒。突然間，一個人影從黑不見底的後臺深處浮出。為了避免絆倒，男人以為沒有人注意他，因此暫時摘下墨鏡。他的眼神透露出憂傷和頹喪。他走向懸吊燈散發的光暈中。

　　久等數小時的記者們發現了他，紛紛拿起相機，高舉麥克風，打開鎂光燈。男人揚起頭，再度戴上墨鏡，接著迎向前，被相機的閃光燈吞沒。

　　卡爾拉格斐，時尚教父，身兼 Chanel、Fendi 以及自有

品牌的設計師，產量極豐。這次出席歌劇院是為了協助喬治・巴蘭欽（George Balachine）芭蕾舞團彩排《布拉姆斯－荀白克四重奏》（*Braham-Schoenberg Quartet*），巴黎歌劇院的芭蕾總監班雅明・米勒皮耶（Benjamin Millepied）特別邀請他設計舞團服裝。卡爾拉格斐穿著白襯衫黑領帶，腰身收窄的外套，一如往常綁著小馬尾，宛如帝王駕臨一般地抵達了。現在他在劇院中央查看編舞，身旁圍滿最親近的顧問。他緊盯著舞臺，眼神從未離開舞者，從頭到尾都沒有摘下墨鏡。

不到一個小時，他走回臺上，被記著者團團包圍，回答他們的問題。這些對他而言駕輕就熟，已經太習慣了。數分鐘內，他的回答如連珠炮，迅速又犀利，彷彿他剛踏出服裝秀的出口。

他的身後掛著他為舞臺布景設計的巨幅深色布幔，上面是霧氣繚繞的城堡，其靈感來自卡爾拉格斐一生中見過的數個地方。那天下午，巴士底歌劇院的舞臺上是看似截然不同，

卻又如此相似的兩個世界：散發現代氣息的時尚偶像，受人追捧的程度絲毫不輸給流行歌手，同時又帶著即將消逝的世界的懷舊感。兩者其實互為表裡，關聯緊密。一股憂傷串起兩者，眼神中的憂傷。時尚大帝喜歡自比為「黑白傀儡」[1]，然而背後藏著複雜溫柔的往事，並不像表面上充滿銳利鋒芒。

設計師回到後臺的陰影裡，彷彿消失在一眼難望穿的自身傳奇中。記者們知道該關掉相機和麥克風了。這片未被發掘的隱匿之地始終籠罩著神祕感，有時甚至令人畏懼。

他鑽進私人座車，往無人知曉的目的地揚長而去。

他的公寓座落在左岸邊，面向塞納河。每一夜，自公寓流瀉而出的白色燈光幾乎能照亮河流。不透明的窗戶從未推開，無法一探隱密的洞窟。公寓大樓的古老石塊後面，是超過三百平方公尺的藏身之處，裝潢極富現代感，有點像太空船。擺設有如受鬼才導演庫柏力克（Stanley Kubrick）的電影啟發，家具擺設皆為灰色、白色和銀色，廚房的冰箱也是，裡面裝滿可口可樂 light，似乎已等待主人數千年。唯一留下

的近期活動蹤跡，是揉成團的紙張，還有書本和報紙，這些失序感破壞了未來風擺設的筆直透視線。公寓風格看似冷硬，不過實際上功能性十足。「這是睡覺、洗澡和工作的地方。」[2]

　　卡爾拉格斐解釋道。其中一張可麗奈人造石面的桌上，放著一副墨鏡。再過去一點，是一副無指皮手套。「想像卡爾在安靜的臥室裡，摘掉墨鏡，脫去假領子，放下馬尾……那會是什麼模樣？沒有人知道。他戴著面具生活，對那些試圖摘下其面具的人，他避之唯恐不及。」[3]《費加洛報》（*Le Figaro*）的前時尚撰稿人嘉妮・薩梅（Janie Samet）表示。

　　卡爾拉格斐有自己的習慣。「我比較喜歡晚上回家。這就是私人飛機的優點。我是個有教養的人，絕不會在外面過夜！舒蓓特（Choupette）也是原因之一。」[4]這隻備受寵愛的伯曼貓的影子在地上拉得好長好長。然而他的主人今晚真的在家嗎？卡爾成功隱瞞行蹤，永遠不會出現在大家以為的地方。沿著整面牆裝設的的磨砂玻璃隔板略呈扇狀展開，露出大得驚人的書房。數百本書籍從地面疊到天花板。

書就是他的人生，閱讀之於他，「病得不輕，是一種病態的執迷。」⁽⁵⁾ 他坦言完全不想治好這種病。卡爾拉格斐習慣同時看二十多本書，在世界各地有幾個住處就有幾座書房。然而，在這三十萬本藝術和攝影書籍、以三種不同語言寫成的小說和哲學論述中，只有極少數的書他從不離手。這些著作交織成的人生真實又虛幻。一條看不見的絲線，串起沙特（Jean-Paul Sartre）的《詞語集》（*Les Mots*）、艾杜瓦・凱澤令（Eduard von Keyserling）的《炙熱之夏》（*Été brûlant*）和卡特琳・波茲（Catherine Pozzi）的詩作。細細釐清這條絲線，就能理解時尚大帝如何建立起他的傳奇，在夜闌人靜的時刻，創造出這個宛如從小說中走出的人物。

　　這些書裡，其中一本啟蒙他的作品，是巴爾札克（Honoré de Balzac）的《貝雅翠絲》（*Béatrix*）。大概十歲左右，這個德國小男孩強烈表示想要閱讀家中的豐富藏書，他的母親艾莉莎貝特（Elisabeth Bahlmann）只回他：「那你去學法語不就得了？」

因此他學了法語，讀完故事後，他被激起好奇心。「我記得三十二歲的貝雅翠絲在迴廊，裏著紅色莫塞林披肩遮住脖子上的皺紋。我問母親：『這個白痴為什麼要裏著披肩？』[6]」

床頭櫃上放著另一本書，《論德國》（*De l'Allemagne*）。斯塔艾爾夫人（Madame de Staël）的文字喚起來自另一個國度、另一個時空的遙遠意象，多少也像是卡爾拉格斐的回憶。這段常常被刻意遺忘的過去，或許並沒有這麼遙遠。

註

[1]Françoise-Marie Santucci， Olivier Wicker，〈Lagerfled, mercenaire de la provocation〉，《Libération》，2004 年 11 月 13 日。

[2]Cédric Morisset，〈Dans le vaisseau amiral de Karl Lagerfeld〉，《AD》雜誌，2012 年 6 月 5 日。

[3] 出自與本書作者的對談。

[4]Élisabeth Lazaroo，〈Karl Lagerfeld: Brigitte Macron a les plus belles jambes de Paris〉，《Paris Match》，2017 年 7 月 21 日。

[5]Olivier Wicker，〈Karl Lagerfeld se livre. Une interview exclusive pour le magazine Obsession〉，《Le Nouvel Observateur》，2012 年 8 月 23 日。

[6]Bayon，〈Karl Lagerfeld, entre les lignes de Keyserling〉，《Libértaion》，2010 年 11 月 6 日。

靜僻的角落

　　日落前最後一絲的冷冽陽光，照進華美白色宅邸的一扇窗。日光令牆上一幅畫作中最深濃的黑色和赭色調更加醒目。這是阿道夫・馮・門采爾（Adolf von Menzel）的《腓特烈二世在無憂宮的圓桌》（*La Table ronde du roi Frédéric II à Sans-Souci*）的複製畫，於 1850 年完成，不過畫面描繪的場景是上一個世紀的啟蒙時代核心：畫中的普魯士國王是見識廣博的專制君主原型，圖中是其中一場私人餐宴，他常常在波茨坦的宮中設宴，無憂宮既是夏季行宮，也是他縱情聲色的祕密基地。

　　餐宴場景在一個圓形廳室裡，光線照進朝露臺庭園敞開的落地大窗戶，畫面巧妙融合金銅色的材質光影突顯的愜意氛圍，與陽光燦爛下的談笑風生。圓頂天花板由科林斯

（Corinthian）柱支撐，吊掛著波西米亞水晶燈。坐在中央的國王被九位賓客圍繞，國王略微拉長身子，臉孔轉向正在與他談話的伏爾泰。哲學家伏爾泰頂著一頭假髮，身穿深紫色天鵝絨，還有蕾絲襟飾。

波羅的地區的風之呢喃，一路飄向什列斯威－霍爾斯坦（Schleswig-Holstein）附近的森林樹梢，混合揉皺紙張的沙沙聲。距離漢堡約四十五公里處，靠近小城巴特布蘭斯特（Bad Bremstedt）的畢森摩地區（Bissenmoor），在應有盡有的房間裡，一個小男孩正在小書桌前安靜地畫畫。他散發著溫和氣質，一如他的衣櫥、小床和單人扶手椅，還有牆面的藍色絲絨。由於沉浸在周圍的溫柔氤氳，難以看出他的真實年齡。

小卡爾是《腓特烈二世在無憂宮的圓桌》的主人。不久前，他和雙親在漢堡散步時經過畫廊，對這幅畫作一見鍾情。之後他經常提到這幅畫[1]，拜託爸爸媽媽——奧圖（Otto Lagerfeld）和艾莉莎貝特——買這幅畫給他[2]。後來，驚喜

終於出現在聖誕樹下，然而拆開禮物時，小男孩因為太沮喪而放聲尖叫——爸爸媽媽買錯畫了。畫廊櫥窗撤掉了令小男孩著迷的戴假髮的賓客，取而代之的是吹笛人。小男孩堅持立刻要得到那幅心愛的畫作，他的父母只好致電畫廊，拜託對方在聖誕節當天開店營業。現在，這幅畫就在他的眼前。

「這幅畫一定讓他大感驚豔，這些奢華的建築裝飾，絢麗的吊燈，擺滿銀器的餐桌，窗戶望出去的庭園，還有賓客們的神態、假髮和服裝。」[3]「他一定很想知道他們吃些什麼、聊些什麼吧！」[4] 藝術史學家丹尼爾‧阿爾庫夫（Daniel Alcouffe）猜想。小男孩盯著《圓桌》許久，一個遙遠迷人的世界變得鮮活起來，那是法國大革命之前的歐洲，啟蒙時代的法國以及其文學、繪畫、建築、對細節的品味、精緻的文化。因為畫作中的普魯士裝飾風格，流露出凡爾賽宮的風格，後者的奢豪壯麗影響了無憂宮，而巴黎則是腓特烈二世和啟蒙歐洲的典範。小男孩查證過了。

再明顯不過的念頭就此深植他的腦海中：以後，他將成

為這幅畫作中的人物之一。卡爾站在可看見母親沙龍的陽臺上，年僅六歲的他「想像自己身在童話故事中，（自認）有如某種傳說。（他對自己）說：『我知道我會變得非常有名，全世界都將認識我的名字，很奇怪吧。』[5]」這個念頭逐漸變成執念，最後幾乎占據他的日常生活。在這股懷舊氛圍中，很難相信時值 1942 年，而不遠處的丹麥邊界上，第二次世界大戰正在撕裂世界。

在漢堡近郊的高級住宅區布朗卡內澤（Blankenese）的住處和畢森摩宅邸之間多次來回後，拉格斐一家決定留在十多年前於畢森摩置產的這座白色大宅，靜靜等待戰爭結束。幸好他們留下來了。因為，1943 年漢堡遭英國和美國轟炸。整整一天一夜，英國皇家空軍和美國盟軍對漢堡投下雨點般的炸彈，這裡是大日耳曼帝國的主要海港，也是海軍的戰略中心。那年夏天，這場幾乎殲滅漢堡的轟炸名為「蛾摩拉行動」，引用典故為上帝因為憤怒所多瑪和蛾摩拉城而降下天火和硫磺。這場轟炸在一週內奪走三萬五千條人命。漢堡一

部分被夷為平地，天空中濃煙密布。

這段期間，小卡爾關在自己的房間度過大部分時間，神遊於理想歐洲的幻夢之境。

他是否明白，德國在納粹的主導下，正在烈焰和鮮血中被撕成碎片？「我身處在唯一一個風平浪靜的地方。這是天大的幸運，戰爭完全沒有影響我。」[6] 他在 2015 年這麼說。

巴特布蘭斯特固然未遭轟炸波及。但是對歷史學家荷諾·霍斯特（Ronald Holst）而言，「當時已經十歲的卡爾拉格斐絕不可能毫不明白戰火猛烈的程度。」[7] 霍斯特強調，巴特布蘭斯特位在漢堡和基爾之間，可以清楚看見發動攻擊的轟炸機。由於轟炸行動，九十萬人不得不離開住處，委身於能避難之處，尤其是巴特布蘭斯特。霍斯特繼續說：「公寓、工作室、倉庫全都徵用，讓難民安身。拉格斐一家再也不能獨善其身地住在自家宅邸。」[8]

希維雅·亞爾克（Sylvia Jahrke）和父母的住處被炸毀，逃離街道烽火四起的漢堡，住進畢森摩宅邸。希維雅生於

1934 年，當時只有十歲，但是從未忘記初抵這座在她眼中天堂般的大宅：「那是一座很古老的房子，有許多柱子，門口是白色的，在孩子的眼中有如小巧的魔法城堡。然後，還有一間好大好大的前廳。」[9] 她們一家與其他人共住在豪宅樓梯最上方的小房間。要先穿過兩旁種滿橡樹和樺樹的蜿蜒小徑才能抵達宅邸，寬敞又舒適，是不折不扣的布爾喬亞鄉間別墅。二樓陽臺圍繞整座宅邸的三分之二，幾乎是條長廊。孩子蹦跳就能跳下一個梯段。日光室的空間充足，纖細的列柱搭起雨遮，還有藤編的座椅和放置茶點的矮桌。宅邸一隅，有一座能鳥瞰整個宅邸的塔狀結構，形似巨大的鳥籠，還有四片陡斜的屋頂。

難民和拉格斐一家的關係疏遠，但是相敬如賓。「我很怕拉格斐先生和夫人，」希維雅述說：「先生總是一身深色西裝，戴著一枚紋章戒指。」[10]「夫人永遠抬頭挺胸，我覺得她很嚴厲，從來沒見過她微笑。卡爾一頭濃密黑髮，雙眼炯炯有神。他很沉著，也很有禮貌，不是那種調皮搗蛋的小

孩。」[11] 希維雅和卡爾年齡相仿，但是她很少見到卡爾。

即使不全盤理解，不過卡爾是否多少明白，這場已經波及到他日常生活的災難進行式？「我的父母向來對我保護有加，而且讓我感覺自己無堅不摧。」[12] 他如此解釋。

卡爾受到過度保護，因為他是家中的么兒，而且他也知道如何博得寵愛。不同於瑪塔－克莉絲提安（Martha Christiane）和緹亞（Thea）兩位姊姊，卡爾絕對不會違抗父母之命。他與她們的差異不只如此。瑪塔－克莉絲提安的舉止非常男孩子氣，常常爬到樹上，和附近農民的兒子們在畢森摩森林（Bissenmoor）中奔跑。雖然卡爾很喜歡宅邸周圍的牛隻，卻不鍾情田園風情的遊戲。艾爾菲德‧卓安妮（Elfriede von Jouanne）熟識拉格斐家孩子們的保姆，她記得保姆曾告訴她：「他不太喜歡姊姊們。當然啦，他常常和她們一起玩，因為他很喜歡用舊衣服打扮她們，不過他們之間的連結並不深刻。」[13] 卡爾後來解釋與瑪塔－克莉絲提安和緹亞之間的疏遠關係：「我並不是不愛她們，而是彼此

並不意氣相投。」[14] 事實上，卡爾早已選邊站，他選擇和成人為伍。

　　卡爾的父親奧圖是學養豐富的紳士，會說九種語言。他和許多白手起家的成功人士一樣，對工業革命影響甚鉅，活脫脫是從凡爾納（Jules Verne）、康拉德（Joseph Conrad）或大仲馬（Alexandre Dumas）的小說中走出的人物。1906 年，發生舊金山大地震時，他就在舊金山，親眼見到城市被摧毀，還有三千名埋在斷垣殘壁下的死者。荷諾・霍斯特說，由於這段親身經歷，奧圖總是強烈建議：「若發生地震，要趕快緊靠著門，因為門不會垮。牆就不一樣了，牆會倒塌。觀察牆倒塌的方向，然後從門口往反方向逃生。」[15] 這場地震過後幾個月，奧圖到海參崴（Vladivostok）、伯力（Khabarovsk）與其他遠東俄國城市推銷三花牌（Carnation）煉乳，他搭乘火車穿越荒原的西伯利亞鐵路，坐著頭等車廂，沿著阿穆爾河（fleuve Amour），踏遍最蠻荒偏遠之地……。

根據卡爾拉格斐之言，「1914年世界大戰結束後，我父親開始進口煉乳到德國和法國。然後他和美國人合資，在德、法兩國蓋了工廠。」[16] 奧圖的事業做得有聲有色，1939年，他因年紀太大無法上前線作戰，得以繼續工作，但也經常離家出差。「奧圖的公司——幸運草（Glücksklee）——總部位在德國。」荷諾‧霍斯特說：「最近的工廠在一百公里處，其他工廠則在八百公里外。」[17] 他補充：「他有三間工廠，必須定期到廠裡。因此經常不在家，完全沒有參與孩子的教育。」[18] 奧圖當時年近六十歲，在兒子眼中是可敬的長者：「我不常見到他。他只愛工作，不是有趣的人。我很敬愛他，他比母親溫柔多了，但是很乏味。」[19]

　　奧圖是否因為自己長年不在家而寵溺兒子？

　　他會定期帶回兒子最愛的雜誌——德國的諷刺漫畫週刊《Simplicissimus》——那是卡爾的靈感泉源。卡爾從週刊中認識了布魯諾‧保羅（Bruno Paul）以及其他作品引人入勝的插畫家。艾爾菲德‧卓安妮說，「畫畫是卡爾獨處時最常

做的事。他受不了被打擾，喜歡所有紙張，但是獨鍾乾淨的白色紙張。只要紙上寫了一點點字，他就不要了。從孩提時代他就會畫小肖像，而且一看就知道他畫的是誰。」[20]

1930 年，奧圖結婚時已經四十九歲，而艾莉莎貝特才剛滿三十歲。他年長又疏遠，但是對兒子有求必應。「他總是說：『你想要什麼都可以告訴我，但是不要在你母親面前說。』[21]」卡爾回憶道。艾莉莎貝特無法給兒子的，就由他的父親填補空白，尤其是和藹溫柔的態度。「我的母親總是對我說：『有什麼蠢話想說就快說，我們可沒時間浪費。』[22]」卡爾常常舉例說明母親刻薄話語中的殘忍：「她一輩子都在對我說惡毒的話。『你的鼻孔實在太大了，我要請織品店幫你在鼻子上裝窗簾。』到底誰會對孩子說這種話？當時我很喜歡提洛帽（Tyrolean），結果她對我說：『你看起來像個老蕾絲邊！』[23]」小卡爾垂下的黑長髮看起來像兩個把手……「我母親對我說：『你知道你長得像什麼嗎？像史特拉斯堡工廠做的陶罐。』[24]」由於受夠兒子總是跟在腳邊，

她習慣說些尖銳刻薄的話，打發這個纏人的小鬼頭。

「小卡爾曾嘗試彈鋼琴。他會上鋼琴課，不時彈首曲子。」[25] 德國歷史學家荷諾‧霍斯特說道。某天他正在家裡練琴時，他的母親突然冒出一句：「別再彈了，一堆噪音。去畫畫，至少畫畫沒聲音。」[26] 霍斯特補充。

他的母親感情豐富又尖銳傷人，反叛卻又從骨子裡散發十足的貴族氣息，在社交圈子裡地位極高，對家僕卻極有禮貌，令人又愛又恨，而且笑料十足。卡爾的母親充滿矛盾，同時也是他心中的典範。「我的父母是完美的組合：父親讓我予取予求，母親則會敲我的腦袋，導正我的行為。」[27]

事實上，對於這個以為全世界都以他為中心的小男孩，艾莉莎貝特讓他過度充分的精力鎮定下來，同時又容許他勇敢做自己。在一張照片中，四歲的卡爾，神情驕傲地穿著整個德國北方沒人穿的服裝——吊帶皮短褲（Lederhose），巴伐利亞的綠色民俗服裝；雙手插著口袋，頭偏向一邊，帶點挑釁的模樣。

年輕的小男孩並沒有默默承受不斷被母親潑冷水，反而從中學習，將這些話語當作養分，或許心中隱約害怕反抗的下場，例如姊姊們，立刻被送到寄宿學校；不過，他主要是著迷於艾莉莎貝特的無所不能。「她那些刻薄又風趣的務實精神總是令我佩服得五體投地。」[28] 卡爾後來如此描述這位優雅的女性，艾莉莎貝特酷愛音樂，精通小提琴，學識淵博，能夠將西班牙文的哲學論述翻譯成德文，而且總是躺臥在書房的沙發上，一手拿著書，一邊發號施令。

即使連卡爾拉格斐都同意母親的過去和身世帶著傳奇的光環：「我的母親總是說：『你可以問我任何關於我童年的事，還有我認識你父親之後的事。至於這之間的事，和你無關。』[29]」

所以，這位女性在二〇年代的人生究竟發生了什麼，猶如謎團。她是否「在柏林的女性內衣店當店員，因此和卡爾的父親相識」[30]。一如艾莉西亞・德雷克（Alicia Drake）在傳記中的陳述？或者她也是貴族？卡爾拉格斐在 2003 年向

記者貝納‧彼沃（Bernard Pivot）表示，艾莉莎貝特是「一位普魯士高官的女兒……他的父親在威廉二世皇帝時代是威斯特伐利亞的地方首長。」[31] 無論如何，卡爾似乎對母親崇敬無比。

時間和歲月就這樣，在書頁翻動和鉛筆在紙張上奔馳的沙沙聲中悄悄流逝。小男孩仍在與世隔絕、隱身於高大樹木間的白色宅邸中閱讀、做夢、畫畫，尚未面對殘酷的現實。

「我活在某種過去的時代，那是我從未經歷、憑空想像的過去。」[32] 父親買給他的雜誌就像門采爾的畫作，掩蓋了真實世界，消弭戰火的暴力。彷彿小卡爾在無意識中，延續被戰爭和炸彈摧毀的一切，並將之昇華至永恆：昔日的世界，德國土地上的私人公寓，擁有一間間沙龍的皇宮，繪有藍天和小天使的天花板，以雕像和噴泉裝飾的庭園，不為人知的隱密角落；這一切代表十八世紀到舊時代全盛時期的講究細節。卡爾正在他的房間裡，奠定自己的世界之基。準備迎向不那麼華美的現實世界。

註

[1] Marie-Claire Pauwels，〈Karl le magnifique〉，《Le Point》，2005 年 7 月 7 日。

[2] Jacques Bertoin，〈Karl Lagerfeld, marginal de luxe〉，《Le Monde-dimanche》，1980 年 4 月 27 日。

[3] 《Un jour, un destin: Karl Lagerfeld: être et paraître》，Laurent Delahousse 紀錄片系列，Laurent Allen Caron 執導，Magnéto Presse 製作，France 2 電視臺，2017 年 2 月 19 日。

[4] 出自與本書作者的對談。

[5] François Busnel，《Le grand entretien》，France Inter 電臺，2012 年 11 月 23 日。

[6] Marc-Olivier Fogiel，《Le Divan》，France 3 電視臺，2015 年 2 月 24 日。

[7] 出自與本書作者的對談。

[8] 出自與本書作者的對談。

[9] 《Un jour, un destin: Karl Lagerfeld: être et paraître》，出處如前述。

[10] 出自與本書作者的對談。

[11] 《Un jour, un destin: Karl Lagerfeld: être et paraître》，出處如前述。

[12] Marie-Claire Pauwels，〈Karl le magnifique〉，《Le Point》，2005 年 7 月 7 日。

[13] 《Un jour, un destin: Karl Lagerfeld: être et paraître》，出處如前述。

[14] Marianne Mairesse，〈Le petit monde de Karl Lagerfeld〉，《Marie-Claire》，2005 年 7 月 1 日。

[15] 出自與本書作者的對談。

[16] Anne-Cécile Beaudoin 和 Élisabeth Lazaroo，〈Karl Lagerfeld, l'etoffe d'une star〉，《Pairs Match》，2013 年 4 月 25 日。

[17] 出自與本書作者的對談。

[18] 《Un jour, un destin: Karl Lagerfeld: être et paraître》，出處如前述。

[19] Marianne Mairesse，〈Le petit monde de Karl Lagerfeld〉，《Marie-Claire》，出處如前述。

[20] 《Un jour, un destin: Karl Lagerfeld: être et paraître》，出處如前述。

[21] Anne-Cécile Beaudoin 和 Élisabeth Lazaroo，〈Karl Lagerfeld, l'etoffe d'une star〉，出處如前述。

[22] Jean-Christophe Napias 和 Patrick Mauriès，《Le monde selon Karl》，

Flammarion 出版，2013 年。

[23] Olivia de Lamberterie，〈Je sais dessiner, lire, parler, et c'est tout〉，《Elle》，
2013 年 9 月 27 日。

[24] Christophe Ono-Biot，〈La vie selon Karl Lagerfeld〉，《Le Point》，2012
年 11 月 1 日。

[25]-[26] 《Un jour, un destin: Karl Lagerfeld: être et paraître》，出處如前述。

[27] Jean-Christophe Napias 和 Patrick Mauriès，《Le monde selon Karl》，出處
同前述。

[28] Christophe Ono-Biot，《La vie selon Karl Lagerfeld》，出處同前述。

[29] Anne-Cécile Beaudoin 和 Élisabeth Lazaroo，〈Karl Lagerfeld, l'etoffe d'une
star〉，出處如前述。

[30] Alicia Drake，《Beautiful People》，Denoël 出版，2008 年；Gallimard 出版，
Folio 系列，2010 年。

[31] 《Double je》，Bernard Pivot 製作，Bérangère Casanova 執導，France 2 電
視臺，2003 年 2 月 27 日。

[32] 《Karl se dessine》，Loïc Prigent 執導，Story Box 製作，Arte 電視臺，
2013 年 3 月 2 日。

人小鬼大

　　每天早上，為了到巴特布蘭斯特去上學，希維雅・亞爾克必須獨自沿著森林和散布著牛群的牧場步行。卡爾則偶爾才會去學校，而且只選自己有興趣的科目，並討厭某些教師與他們的教學方式：「……他們老是唸我：您只會說個不停，但事實上您什麼也不會。」[1]

　　他已經學會德語、法語和英語。學校還能教他什麼？卡爾就像個小大人，非常早慧，對其他孩子沒有興趣，總是拿著畫筆。

　　「當時卡爾只比我高一個年級，不過我們的美術老師是同一位。有一次，他畫了一幅諷刺畫像，白紙黑線條地描繪他的數學老師正在用刀叉和肉卷上的細繩奮戰。這幅畫被展示在學生活動中心，寫實的程度令我印象深刻。」[2] 希維雅

回憶道。

　　卡爾觀察、分析。他的目光如箭，沉默地抗拒人群。希維雅繼續說：「他不太去操場上，不和其他人一起喧鬧玩耍，靜靜地不引人注意。」後來卡爾絲毫不帶譏諷地說，他會無恥地利用少數幾個同學，要他們做所有自己不想做的事，例如清理腳踏車；而且卡爾認為，「自己本來就不該做這類事情，是那些同學太平庸了！」[3]

　　卡爾後來談及看完麥可‧漢內克（Michael Haneke）的《白色緞帶》（*Le Ruben blanc*）後所感受到的強烈恐懼與不安──故事背景在第一次世界大戰前夕，地點設定在卡爾成長的小鎮數十公里外。「我病了整整三天，因為我幾乎經歷了電影中描述的一切，所以我要逃離這些恐怖的人。」[4]三十年之間，人心的道德與思想毫無長進。

　　在這動盪的時刻，年少的卡爾與同儕之間的對比顯得更加分明。荷諾‧霍斯特說：「這個年紀的德國男孩都被強制加入希特勒青年團，青年團由極激進的青少年組成，必須出

席所有夜間集會。缺席者將遭受羞辱，被軍用皮帶抽打。」
[5] 即使卡爾沒有留下任何「納粹小子」[6] 時期的線索，根據
霍斯特之言，卡爾不可能完全逃過這項所有德國年輕人的義
務。「孩子們必須穿制服。但是卡爾拒絕穿制服。他穿著毛
呢外套和領帶上學，留著長頭髮，看起來像個英國小紳士。
這點引起老師們的集體報復。」[7] 他的與眾不同或許是一種
反抗。「我知道自己不一樣，像是我的抱負、興趣、一切的
一切。我最不希望的就是變得像我看到的那些人一樣。」[8]
他後來解釋道。在巴特布蘭斯特的小圈子裡，他的髮型成為
恥辱的標誌，異端分子的象徵。

　　卡爾雕琢他的孤高，以及抗拒世界的精神。掛在臥室裡
的畫作是他的避世所，求知若渴地閱讀書籍也是另一種逃
避。他父親的書房以宗教史藏書為主，沉悶又嚴肅。

　　他母親喜歡關在書房裡閱讀哲學，比較有神祕感。泰拉
赫・夏爾丹（Pierre Teilhard de Chardin，漢名：德進日）的
著作與其他作家，尤其是羅曼・羅蘭（Romain Rolland）的

作品並列。二十世紀初問世的艾杜瓦‧凱澤令的《炙熱之夏》，對卡爾來說猶如天啟。背景角色有一位女伯爵，一個住在宮廷裡的女人、一位女地主以及僕人們。一個來到波羅的鄉間的頹廢貴族，就像卡爾——只不過他住得更北邊一點。森林、細雨、短暫的夜，都和巴特布蘭斯特如出一轍。

這本小說散發的淡淡哀愁，或許呼應了卡爾的心情，而書中的主要角色彷彿訴說著卡爾的故事。[9] 小說的敘事者是個青少年，深愛著俊美冷酷又溫柔的父親，並試圖理解父親謎樣的舉止。

《炙熱之夏》的敘事者用種種模糊混亂、難以言表的感受，將一段夏日時光安排為一場激烈行動，為了否定那刁難迫害一切慾望的迂腐社會。

「我的靈魂中嚮往生命的一切，全都反抗著這一切謎樣的平靜。」[10] 凱澤令寫道。主角最後終於明白「所有這些美麗、狂暴、醉人的祕密。」[11] 滲透了他身邊的人們。

卡爾抱著這本凱澤令的小說一讀再讀，後來成為他的最

愛。書中場景的印象令他心醉神迷，他幾乎能將之畫出來。

　　他讀著一本又一本的書，以色彩填滿白紙的同時，戰爭結束了。1947 年，十三歲的漢斯－喬亞金・布隆尼許（Hans-Joachim Bronisch）和卡爾同班，總是坐在最後一排。少年卡爾絲毫沒有改變，他的同學說：「卡爾的打扮和大家不一樣，永遠穿著白襯衫和領帶。頭髮總是打理得很整齊。對我們這種打赤腳上學的男孩子來說，自然覺得他很奇怪……同學們多少會嘲笑他。他在學校從來沒有真正的朋友，也沒有想要交朋友。我們想踢足球，他不想。一直都是如此。」[12]

　　畢森摩男孩的長髮依舊如反抗體制的象徵飄揚著。同年紀的孩子們都頂著西瓜皮，德語稱為「鍋蓋頭」──在小孩頭上蓋個鍋子，剪去超過鍋緣的頭髮。大人們認為懲罰他、剪去他的長髮是當務之急。提醒卡爾髮規的棘手任務，最終落到校方身上。然而巴特布蘭斯特校長的責罵完全無效。

　　荷諾・霍斯特描述，老師決定親自造訪學生的家，要求

見拉格斐太太：「他對她說：『我必須和您談談您兒子。他的長頭髮非常不恰當。』作為回應，艾莉莎貝特抓住老師的西裝領帶，一把扔到他臉上，回答：『顯然您還是納粹呢！』」[13]」

　瞧不起希特勒和其體制的艾莉莎貝特為卡爾撐腰。希特勒，一個小小下士當上元首，但他進不了拉格斐母子的世界，他的意識形態和親信亦然──他們將國家變成一具龐然機器，用來殲滅女人、孩童、老人、身障人士，以及所有在納粹德國的語彙中被視為社會「寄生蟲」或「次等人」者。

　納粹主義完全否定了卡爾和姊姊們被灌輸的價值觀。除了少數像畢森摩莊園的內陸地區，拉格斐一家的價值觀在波羅的海一帶並非多數。對於什列斯威－霍爾斯坦的保守農村社會，納粹的政治宣傳讓他們面對鄉紳能夠重獲自由，然而拉格斐家正是鄉紳的象徵。

　巴特布蘭斯特的農民之子們對拉格斐家的么兒萌生了憎恨。因為他和他們不一樣，他閱讀，他會為洋娃娃做衣服，

他畫畫。

在嚴峻態度與尖酸言語的背後，艾莉莎貝特深知兒子的獨特，就和她自己一樣。兩人的內心深處都無比敏感，在這竭力抵抗末日來臨的衰亡世界中痛苦掙扎著。「我的母親在這鄉下鬼地方都快無聊死了。我也是，我總是夢想著會有某件事物，能夠盡快讓我離開這裡。」[14] 她鼓勵他的與眾不同。「有一次我問我母親什麼是同性戀，她回答：『就和某種頭髮顏色一樣。這沒什麼，完全不是問題。』我真的很幸運能擁有思想開明的雙親。」[15]

因此卡爾想要離開。和父母搬到漢堡是第一步。他們住處的街區奇蹟般地並沒有因轟炸而毀壞。

註

(1)Olivier Wicker，〈Karl Lagerfeld se livre. Une interview exclusive pour le magazine Obsession〉，出處如前述。

(2) 出自與本書作者的對談。

(3)Anne-Cécile Beaudoin 和 Élisabeth Lazaroo，〈Karl Lagerfeld, l'etoffe d'une star〉，出處如前述。

(4)Anne-Cécile Beaudoin 和 Élisabeth Lazaroo，〈Karl Lagerfeld, l'etoffe d'une star〉，出處如前述。

(5) 出自與本書作者的對談。

(6) 出處：《Bundesarchiv》。

(7) 出自與本書作者的對談。

(8)〈Karl Lagerfeld, un roi seul〉，《Empreintes》系列，Thierry Demaizière 與 Alban Teurlai 執導，Éléphant et Falabracks 製作，France 5 電視臺，2008 年 10 月 3 日。

(9) 主要出自 Bayon，《Karl Lagerfeld, entre les lignes de Keyserling》，出處如前述。

(10)~(11)Eduard von Keyserling，《Été brûlant》， 由 Jacqueline Chambon 和 Peter Krauss 從德文譯至法文，Actes Sud 出版，1986 年。

(12)~(13)《Un jour, un destin: Karl Lagerfeld: être et paraître》，出處同前述。

(14)~(15)Anne-Cécile Beaudoin 和 Élisabeth Lazaroo，〈Karl Lagerfeld, l'etoffe d'une star〉，出處如前述。

迪奧在德國，巴黎的氣息

　　再過不久，晚上九點，即將舉行盛大晚宴。但是此時此刻，漢堡上流社會的女人們，有些由丈夫陪同，正在廣場大飯店（Hôtel Esplanade）的大沙龍裡，坐在柔軟的座椅上喝茶呢！這是 1949 年的 12 月，她們引頸期盼模特兒們出場展示來年的秋冬服裝系列，出自知名設計師克里斯汀・迪奧（Christian Dior）之手。「當時這可是不得了的大事！迪奧是時尚天空中高掛的閃亮之星，比其他繁星更加耀眼。」[1]嘉妮・薩梅說道。下午四點時，由女性雜誌《Constanze》規劃的服裝秀終於登場。

　　所有的目光都落在一套套奢華的服裝上，長至腳踝，先是白色洋裝，然後是黑色的。皮草披肩之後，緊接著是深色長大衣。模特兒翩然的腳步落在厚實的地毯上，優雅地錯身

而過，伴隨著不絕於耳的掌聲。陪著母親前來看秀的卡爾就是觀眾之一。

他在房間裡研究的時尚插畫，竟然在眼前動了起來。十六歲的卡爾，第一次驚喜地發現，美麗的事物並不僅存在於逝去的日子，也可以是現代的優雅和講究。「高級訂製服的秀非常經典，」另一位資深時尚記者克洛蒂‧布魯耶（Claude Brouet）說：「但是頗富戲劇效果。嚴肅地叫號後，模特兒們會略帶高傲地展示服裝。晚宴禮服極盡奢華之能事，是耗時耗力、精雕細琢的服裝……對一個少年而言，彷彿一場童話故事，如夢似幻。」[2]一如所有受邀賓客，這位年輕人當然也不會放過盛宴的任何一個細節，但是只有他能夠全部銘記在心，可以在腦海中重繪每一套服裝。

「再說，巴黎是時尚的搖籃。」[3]嘉妮‧布魯威特下了結論。卡爾想要當畫家或是諷刺插畫家。他對時尚還沒有興趣，但是卻嚮往這座光明之城。

一片片拼圖似乎慢慢組合起來。他一定從戰爭中看盡一

切，明白威瑪共和國已死，再無翻身機會；理解有歌德和詩人們的啟蒙時代德國不會這麼快復生。然而，他從孩提時代以來夢想的優雅世界仍然存在於他處，所以他必須盡快動身——到法國。

事情再簡單不過，卡爾敘述：「我對我父母說：『我要去巴黎搞時尚。』[4]」他的心意已決。一派輕鬆地走人，和德國說再見，然後從此不再回頭。第一次離家、第一次重新創造自我。

「我什麼都不記得。我這個人的作風就是全部燒掉，然後從零開始。」[5]卡爾後來常常這麼說。他剛撕去一頁。眼前是嶄新、空白的一頁。

他究竟想要擺脫什麼？同學對他的惡毒言語？出賣榮譽心的國家？他試圖永遠忘記的祕密的「第一次」？無論如何，他只想保留祖國美麗的、美好的一面。一個理念，開放與包容。他在行囊中裝進最重要的事物：書本、紙張、畫筆。當然沒忘了門采爾的畫作。還有雙親的祝福。奧圖在巴黎有

個辦公室 [6]，他的祕書會幫卡爾找到落腳之處。至於他的母親，她不斷對他說，漢堡固然是世界之門，但畢竟只是一扇門，可進可出 [7]。對她而言，兒子留在那裡，未來頂多就是當個畫畫老師。

卡爾的母親深切渴望兒子成功，她明白唯有遠離這個破碎不堪的德國，他才能成就一番大事。年輕的卡爾知道自己也有失敗的權利，無論他發生任何事，雙親都不會責備他，家的大門永遠為他敞開。

註

[1]《Un jour, un destin: Karl Lagerfeld: être et paraître》，出處同前述。

[2]-[3] 出自與本書作者的對談。

[4]Olivia de Lamberterie，《Je sais dessiner, lire, parler, et c'est tout》，出處如前述。

[5]Jean-Christophe Napias 和 Patrick Mauriès，〈Le monde selon Karl〉，出處同前述。

[6]Anne-Cécile Beaudoin 和 Élisabeth Lazaroo，〈Karl Lagerfeld, l'etoffe d'une star〉，出處同前述。

[7]《Un jour, un destin: Karl Lagerfeld: être et paraître》，出處同前述。

巴黎是一場盛宴

　　卡爾初抵巴黎時，還不滿二十歲，花都因戰後重獲自由而充滿歡欣無比的氣氛，不過，卻未能熱烈迎接這位年輕的德國人。1952年，巴黎一片髒亂。建築物的外牆灰撲撲的，人行道堆滿垃圾。當然，卡爾並沒有期待在大街上與門采爾畫中人一般頂著假髮的瀟灑男子與氣質出眾的賓客擦肩而過，但是優雅呢？奢華呢？不過，他並沒有失望太久──他必須振作起來，不能以戰敗者的姿態抵達。

　　入住位在索邦路（rue de la Sorbonne）上的飯店房間之前，他漫步到蒙田大道（avenue Montaigne）。由於極度嚮往巴黎的街道名稱，他記得每一條大街小巷。卡爾並不趕時間，一路上從容地觀察。

　　沒錯，這些高聳外牆的背後一定就是文人的圈子。窗戶

後方絕對藏著他尚不得其門而入、只有圈內人才知曉的沙龍。迪奧的櫥窗是他當日尋覓的目標，散發獨特的耀眼光芒，彷彿充滿希望。這片櫥窗就代表了這座待征服的城市，代表了巴黎的精神。他還不清楚下一步，反正目前他有大把時間可以東逛西晃。「大部分的時間我都在散步。」卡爾回憶道：「我簡直可以當巴黎的導遊了！」[1] 他唯一的心理慰藉，就是對插畫、諷刺畫的熱愛，還有從孩提時代就深植心中的成名野心。

他在蒙田高中繼續學業，但是午餐後的課程無聊得要命。他可以在旅館街上轉角的香坡電影院（cinéma Champo）度過漫長下午。在德國時，他看到電影《大都會》（*Metropolis*）的場景設計，感到奇特有趣，而羅伯特・威恩（Robert Wiene）的電影中受到卡里加利博士操控的催眠者角色——西薩——也令他讚嘆不已。

在這裡，《交際花之校》（*L'École des cocottes*）和《天堂的孩子》（*Enfant du paradis*）的對白迴盪在黑暗的放映廳。[2]

電影場次結束後，放映廳的燈光亮起。接著開始播放下一部片。卡爾經常在放映廳裡待到晚上。他記下對白，不厭其煩地複述，讓自己的法語抑揚頓挫更完美。他的法語是奠基在黑白世界的理想美感之上。

卡爾並不是等著好運找上門的人。他屬於主動出擊的類型。戰鬥服當然是必備品。他在 Pierre Cardin 買了紫色絲絨領帶。搭配的白襯衫是父親帶他到里沃利街（rue Rivoli）的高級倫敦襯衫品牌 Hilditch and Key 購買的。奧圖還送了他一套 Cifonelli 的米色細格紋西裝，以及一件深藍色喀什米爾大衣 ——卡爾在父親下榻的喬治五世飯店（l'hôtel George-V）對面的多利安‧格雷（Dorian Gray）訂製裁縫店櫥窗看到，想要得不得了。卡爾終於準備就緒了。

註

[1]Anne-Cécile Beaudoin 和 Élisabeth Lazaroo，〈Karl Lagerfeld, l'etoffe d'une star〉，出處同前述。

[2]Serge Raffy，〈Karl le téméraire〉，《Le Nouvel Observateur》，2004 年 7 月 1 日。

天之驕子

　　1954 年，一張路上的海報，開啟了一切。那是一場時尚大賽：羊毛織品大賽。賽事頭銜並不是太令人心動，不過澳洲、烏拉圭、南非和紐西蘭的綿羊養殖工會製作了精彩十足的宣傳海報，希望他們的高級材質能夠對抗來勢洶洶的人造織品，結果引發了意想不到的效應。技藝嫻熟的工匠以慢工細活，且不因歲月而失色的品質保證，對抗密集生產。都會區的布爾喬亞重新發現羊毛自古以來的優點。國際羊毛標誌大獎（International Woolmark Prize）受到熱烈迴響，遠遠超過主辦單位原先的期待。參賽者必須繪製幾套服裝手稿。

　　卡爾決定報名參賽，繪製了一件大衣，顏色如水仙花，又稱「水仙黃」，那是等待愛情——或是「慾望」——的花朵。大大的船型領口開至肩膀，打破過度端莊、線條筆直

嚴肅、長度略為過膝的經典造型。背後則開了倒三角形露出裸背，從肩胛骨一路往下，大膽地停在臀部上方……。不久後，大會拍來一封電報，通知卡爾入圍比賽，而且得到「大衣」類別的大獎。他只要親自到國際羊毛公會的辦事處，證明自己是設計稿的創作者即可。

11 月 25 日晚間，在愛麗舍宮（palais de l'Élysée）對面的大使劇院（théâtre des Ambassadeurs，譯註：現改名為 Espace Pierre Cardin）頒獎，卡爾在臺上初次見到「晚禮服」類別的桂冠得主，他就是伊夫・馬特－聖羅蘭（Yves Mathieu-Saint-Laurent）。他們兩人的穿著幾乎一模一樣：黑領帶、白襯衫、深色西裝。兩人皆站在由頂尖工坊製作的設計成品旁邊。這是卡爾第一次摸到由自己設計的手稿製作而成的衣物。

兩位得獎者顯得有點生澀稚嫩，攝影師捕捉了他們不自在的笑容，將這一刻化為永恆。大獎得主才剛脫離青春期沒多久呢，伊夫十八歲，卡爾二十一歲。他們年輕、出身良好又聰慧，在五、六位全球知名、慧眼識英雄的時尚教父面

前，皆表現得相當謙遜收斂。評審中包括皮耶·巴爾曼（Pierre Balmain）和雨貝·紀梵希（Hubert de Givenchy）。這兩位很有可能是他們將來的雇主。

此外，卡爾不久後接下了皮耶·巴爾曼的工作邀約，成為他的左右手。雖然深感榮幸，但是卡爾仍懷有一絲猶豫，因為巴爾曼並不是熱愛現代感的設計師。一如《Elle》雜誌的時尚記者克洛蒂·布魯耶筆下的形容，巴爾曼「並不老氣橫秋，但就是少了點創新、活力……也少了點精神。」[1] 最後下此結論：「皮耶·巴爾曼稱自己的風格為『漂亮女士』（jolie madame）。」[2] 年輕氣盛的卡爾當然一心夢想著更大膽、更活潑的服裝，但是他也心知肚明，要從最基層開始做，再慢慢熬出頭。

至於伊夫，拒絕雨貝·紀梵希的工作邀約後，於 1955 年在 Dior 得到一席之地，而那正是卡爾在漢堡時便朝思暮想的品牌。

這場頒獎典禮在兩個年輕人之間牽起不解之緣。他們的

相遇化解了彼此身上愈來愈沉重的孤獨，卡爾帶著剛從阿爾及利亞初來乍到的伊夫逛巴黎。

巴爾曼和迪奧的總部相距不遠，座落在所有高級品牌櫛比鱗次的金三角地帶，宛如都市中的珠寶盒，獨一無二。有些晚上，迪奧先生的年輕學徒譚·吉迪切利（Tan Giudicelli）會看到蒙田大道另一頭的卡爾開著豪華敞篷車經過——那是父親送給他的得獎祝賀禮。不過他或許沒有發現，卡爾對方向盤並不是很有一套。「我從十八歲以後就沒開過車了，」卡爾後來說：「不過這樣對社會比較好，因為我最後掉到一條溝裡，卻連怎麼開進去的都不知道！」[3] 不得不說，當年的巴黎是可以開快車的。不需要繫安全帶，車流量順暢，紅燈更是罕見。

不過當這部高級敞篷車在蒙田大道30號對面停下來時，吸引了所有目光，更別提駕駛的風采。「起初，並不是卡爾的才華令人驚豔，而是他的個性。」譚·吉迪切利回憶道：「可以感覺到他很有錢，而且是個紈褲子弟，打扮比聖羅蘭

時髦多了。這個男孩隨時隨地都在打造自我形象，而且這點非常顯而易見。他打造自己，精雕細琢出一個角色。」[4]「他希望吸引所有目光，萬人追捧。當年人人都已經聽說他是個被寵壞的時髦小孩。」[5]年輕的助理卡爾就在 Dior 的店門口等著媒體爭相採訪、被暱稱為「小王子」的伊夫。

名店的灰白雙色櫥窗有如最完美的背景。

卡爾可以走進店裡，為母親買一件洋裝，作為當年陪她看秀的紀念。他也可以畫下其中一尊假人模特兒身上的服裝，重現烙印在他腦海中的線條動態，使其顯得更富現代感。何不成為 Dior 的一員呢？

不過，這份命運並不屬於他，而是屬於聖羅蘭，卡爾並不羨慕。他們不是同一類型的競爭者。離開巴爾曼後，卡爾勢必會為其他品牌工作。但是他並不想踏上已經規劃好的道路：未來成為其中一個品牌的總監，成為自己的老闆。他渴望更多，不只是當一名從早到晚被成堆布料和絲針淹沒的設計師。他更像是靈感滿溢的知識分子，學養深厚，擁有好幾

個腦袋。各種想法和概念在他腦中躁動，令他不由自主地想要賦予它們生命。為肉身設計穿戴服裝，反而不再是他最迫切的需求。

　　卡爾搬進杜爾儂街（rue de Tournon）31 號，在盧森堡公園對面，隔兩條街就是歐迪翁（Odéon）。他在此處落腳並非巧合，而是因為他熱愛這棟文人之魂縈繞不散的公寓。1912 年，英國作家凱瑟琳・曼斯菲爾德（Katherine Mansfield）曾住在這裡，她就是 DH・勞倫斯在《戀愛中的女人》（Women in Love）中描寫的葛德倫（Gudrun）。卡爾幾乎讀過所有曼斯菲爾德的著作。如卡爾所言，離開那個「鬼地方」五年了。一如凱瑟琳・曼斯菲爾德逃離家鄉紐西蘭視野狹窄的社會，卡爾也離開對自己充滿敵意的環境，只為了能夠喘口氣。

　　他原本可以將自孩提時代對書本和文字的滿腔熱愛，作為一生的志業。為什麼他沒有充分發揮這份熱情呢？「與其從事時尚業，也許我應該去念個語言學位，但是可能就沒

這麼愉快了。而且我有個壞習慣，就是喜歡輕鬆愉快的生活。」[6] 由於代價是必須等待很長一段時間才能獲得認可，對他而言，為了成為有頭有臉的人物，為了發光發熱，時尚才是他能夠一展長才的領域。不過當然是以卡爾的方式。在這個前提下，卡爾和伊夫這兩位同時於時尚圈出道的男人之間的暗中較勁，已經不足為奇。

　　空氣中飄著狂歡氛圍的夜晚，卡爾開著車，旁邊坐著伊夫，經常伴隨一位年輕苗條、略帶陰鬱氣質的褐髮女郎。她是薇克朵亞·杜特洛（Victoire Doutreleau），聖羅蘭最喜歡的模特兒，克里斯汀·迪奧的繆思女神。卡爾是在附近的劇院酒吧（bar des Théâtres）認識她。卡爾臉上常掛著大大的微笑，身上的羊毛外套，長褲，大方氣派，而且不拘泥形式常規，然而他禮貌的態度令這位年輕女孩相當驚訝。伊夫把她介紹給卡爾時，卡爾回答：「啊，是薇克朵亞，當然、當然……誰不認識她呢！」[7] 薇克朵亞回憶道。這一夜就在晚餐中繼續，牽起一段新的友誼。

「卡爾有好幾輛轎車。」她說：「第一輛是我很喜歡的福斯轎車，是敞篷的，美得不得了。我自己有一輛雷諾的 Dauphine，差多了。安－瑪麗・普帕爾（Anne-Marie Dauphine）也常常和我們一起出去，她在 Dior 店鋪和設計師們一起工作。」[8]

「我們開車到處閒晃，繞著協和廣場、星形廣場（譯註：現稱戴高樂廣場），開車單純是出於好玩，畢竟是我們當年才二十歲呀！」[9]

薇克朵亞每天晚上都有空。經常是由伊夫選定目的地。在聖傑曼德沛（Saint-Germain-des-Prés），全巴黎最炙手可熱的人都聚集在菲亞克（Le Fiacre，譯註：五〇年代巴黎知名的同志夜店），身邊圍繞著巴黎的同性戀和變裝者。在那裡不小心巧遇迪奧先生時，聖羅蘭在老闆面前立刻滿臉通紅。

在酒吧裡，年輕害羞的卡爾身邊圍繞著男孩；也許他邂逅了某人，但要到酒吧以外的地方才會發生關係。這類場所

完全不適合卡爾的個性，他喜歡更講究高雅的地方。薇克朵亞至今仍記得，卡爾的守舊不僅幫她擊退許多不識相的人，還把她得逗得很樂——卡爾會說：「謝謝，不用了。我家裡該有的都有，我不需要。」[10] 那麼，卡爾有心上人嗎？誰和他分享他的夜晚、他的夢、他的煩憂？沒有任何人知道卡爾的私生活。

而且也沒人敢膽問他任何與私生活有一點點關係的問題。他盡可能將交往對象藏得嚴密，完全不見光。薇克朵亞的微笑透露了耐人尋味的蛛絲馬跡：「伊夫・聖羅蘭和男孩子的關係都是性方面的，從裡到外都充滿性慾。」[11] 她繼續說：「卡爾喜歡美麗的人事物。我想他尋尋覓覓的，是自己的翻版。」[12] 而這個翻版，他尚未找到。

狂歡之夜轉移陣地，繼續進行。三個年輕人換過一間又一間的夜店和酒吧，舞動他們純真的青春，直到深夜。

有時他們狂歡到凌晨，而這時梳洗換裝出門還太早，三人組就會到卡爾在杜爾儂街的公寓。壁爐上方的燭光熠熠，

照亮掛在大鏡子旁的伊夫的畫。

薇克朵亞席地而坐，享受喜愛的事物：「我會抽菸，但是伊夫不抽，卡爾也不抽。我愛喝威士忌，伊夫能喝一些，不過很快就醉了。卡爾只喝可口可樂。」[13]

他們偶爾會在地毯上放幾個靠墊，就這樣躺著，然後繼續聊天。他們不談空泛的未來，只在乎當下。他們聊彼此的八卦、過去、豔遇。但是他們也談路德維希二世，他們熱愛的充滿狂想的國王。最後他們總是沉沉睡去，結束純潔的夜晚。「我發誓我們真的什麼都沒做！」[14] 薇克朵亞笑著說。

兩位藝術家和一位繆思，多美的畫面啊！

白天和夜晚就這樣重複著。卡爾畫畫，然後開車去接伊夫和薇克朵亞。他們跳舞，談天說地，睡覺，醒來，工作，接著又是縱情狂歡的夜生活。他們從未停止做夢。

週末他們經常一時興起，就跑到圖維爾（Trouville，譯註：諾曼地的知名濱海小城）。以他們的收入和家人的金援，自然可以隨心所欲，想去哪裡就去哪裡。

他們踩著拖鞋，穿著米色長褲和白襯衫。一如往常，卡爾負責開車。這次由卡爾選擇旅館。黑岩旅館（Hôtel des Roches Noires）面向大海，是古老的高級旅館，廊道已顯得陳舊。不過普魯斯特（Marcel Proust）常與母親下榻此處，作家若有似無的腳步聲混合海浪拍打的聲響，在他們的腦海中迴盪不已。這兩個大男孩彷彿《追憶似水年華》（*À la recherche du temps perdu*）中的角色。然而對於這一點，兩人卻持對立意見。伊夫耽溺於浪漫主義藝術家的形象，那種需要憂鬱和肉體上的痛苦才能創作的「神經質」類型。然而，卡爾對於普魯斯特著作的印象既非懷舊，也非敘事者的氣喘發作，而是他在文學史中對形式與風格的重要影響。至於薇克朵亞，她很快就厭倦這些爭論，也不打算下任何定論。她只感覺到卡爾淵博的學識，而且他對自己的論點很有把握。她覺得他們這群三人組更像尚・考克多（Jean Cocteau）在《可怕的孩子》（*Enfants terribles*）中的角色，和他們一樣驕縱蠻橫。

伊夫害怕一個人睡覺，因此他們只訂了一個房間，和在巴黎時一樣，他們最後如兄弟姊妹般睡著了。

　　穿著泳衣在海灘上散步後，兩位設計師整個下午都在畫畫。生活似乎可以就這樣長長久久地繼續下去，然而命運之網即將攫住其中一人。

註

[1] 〈Un jour, un destin: Karl Lagerfeld: être et paraître〉，出處同前述。

[2] 出自與本書作者的對談。

[3]Sylvia Jorif，〈Vis ma vie de Karl Lagerfeld〉，《Elle》，2012 年 3 月 16 日。

[4] 出自與本書作者的對談。

[5] 〈Un jour, un destin: Karl Lagerfeld: être et paraître〉，出處同前述。

[6] 《Double je》，Bernard Pivot 製作，Bérangère Casanova 執導，出處同前述。

[7]-[8] 出自與本書作者的對談。

[9]-[14] 〈Un jour, un destin: Karl Lagerfeld: être et paraître〉，出處同前述。

麗池早餐

1957 年，克里斯汀‧迪奧突然心臟病發過世，整間公司頓時方寸大亂。他們必須找到繼任者，眾人立刻想到迪奧先生的年輕助理──伊夫。「他是大師的學生，而現在大師過世了。學生自然要繼承他的位置。」[1]「小王子成為國王，」[2]嘉妮‧薩梅這麼說。一夜之間突然受到萬人擁戴，焦慮和恐慌折磨著年輕敏感的伊夫，他沒有信心能夠達到前輩以及品牌的高水準。只有他的母親成功安撫了他。

薇克朵亞則到家裡探望他：「伊夫感覺發生在自己身上的事太可怕了……他怕得發抖，必須讓他重新振作起來才行……告訴他一切都會很順利的。」[3]然而，度過這陣低潮期的同時，伊夫‧聖羅蘭還盤算著這完全不相關的事：以某種方式和他的朋友卡爾拉格斐較勁。「伊夫很喜歡身為模特

兒的我。」[4] 薇克多亞回憶道。狡猾的伊夫想要更接近薇克朵亞,將她占為己有。兩人之間新展開的默契將卡爾排除在外。那些一起度過的夜晚結束了。晚上的卡爾獨自一人,不過他也即將展開行動。

薇克朵亞記得那通電話。卡爾在電話中親暱地稱她為「毗濕奴」,又很快地邀請她到麗池飯店吃早餐。

這位伊夫鍾情的模特兒,心知肚明卡爾已賭氣了好些日子,如今受到這樣的邀約,當然忍俊不住。她掛上電話,興奮不已,因為五〇年代末期,麗池飯店已經是全巴黎最迷人的地方之一,而且約在飯店共進一天的第一餐並非常事。

餐桌上布置著鮮花,玻璃杯晶瑩透亮。卡爾身上是顯眼的白襯衫,繫著黑底白點的窄領帶,穿著打褶褲。「『我最愛在麗池吃早餐了!』卡爾像隻心滿意足的貓,終於在陽光下找到舒服的位子。」[5] 薇克朵亞回憶著。這裡是可可・香奈兒(Coco Chanel)度過晚年的宮殿,卡爾則感覺像回到自己的家。他的語氣充滿自信,告訴薇克朵亞,他剛加入帕杜

先生（Jean Patou）的高級訂製服品牌，即將推出新作。「Patou 是二、三〇年代曾輝煌一時的品牌。」克洛蒂・布魯耶解釋：「離開巴爾曼後，卡爾繼續在 Patou 學習這一行的基礎，因為製衣的技術非常精準。衣服的裁片，縫合裁片……一個服裝系列並不是畫完手稿就結束了。」[6]1960 年 9 月 3 日，卡爾的照片登上《Paris Match》雜誌的報導，標題是「創造新風尚的人們」（la mode nouvelle dans l'intimite de ceux qui la font）。照片中，卡爾在家裡，跪坐在沙發腳邊，穿著黑色毛衣入鏡，揚起頭，帶著大大的笑容，兩旁分別是穿著貂毛刺繡綢緞洋裝的布麗姬特（Brigitte），以及另一位裹著絲絨緊身洋裝的模特兒蜜雪兒（Michèle）。他的大名與基・拉洛許（Guy Laroche）、香奈兒女士、皮耶・巴爾曼和伊夫・聖羅蘭齊名。當年人人都喊這位「Patou 的打版師」為羅蘭・卡爾（Roland Karl），卡爾尚未要求寫出他的姓氏，因此雜誌筆誤為「拉根非」（Largenfelt）。

在金碧輝煌的麗池飯店裡，薇克朵亞定睛凝視眼前的男

子，她很欣賞他的敏感與直率。她太了解那眼神中透露的喜
怒哀樂，也偶爾會感受到其散發的哀傷。他對她敞開心房，
說他多但願父親不那麼年長，但願自己接受的教育沒那麼嚴
厲，擁有更愉快的童年。她也喜歡卡爾的低調和謙遜。她太
了解他了，知道卡爾一點也不羨慕聖羅蘭的成功：「伊夫一
夜之間儼然成為國王，卡爾也承認他的實力，從來不認為那
是因為巧合或運氣好。卡爾不是一般人。他心底很清楚，人
是不能對抗命運的。卡爾並不虛榮。雖然很難不起嫉妒之
心，但是他必須甩開嫉妒，轉移注意力。光是這樣就已經很
不簡單。少年得意的伊夫・聖羅蘭想像自己將留名青史，認
為自己是偉大的服裝設計師。卡爾則不然。他還不清楚自己
的方向。」[7]

　　薇克朵亞也隱約知道卡爾正在創造自己的傳奇。而且他
靜靜等待展露鋒芒的時機。她的視線無法離開他，細細品味
著只屬於他們兩人的時光：「卡爾最喜歡祕密了。我和卡爾
共享的這些時光，沒有讓伊夫加入，完全沒有。伊夫從來不

知道。」[8]

　　卡爾和伊夫一起到莫伯爾街（rue de Maubeuge）算命時，那位湛藍雙眼的女占卜師預言伊夫的成功將風馳電掣般的到來。[9] 她也說：「當眾人停滯不前時，就是卡爾一切成就的開端。」[10] 她說了數不清的「例子」。卡爾自忖這一切的意義，了解到時間將是他的最佳盟友。

註

[1] 出自與本書作者的對談。
[2]-[3] 〈Un jour, un destin: Karl Lagerfeld: être et paraître〉，出處同前述。
[4] 出自與本書作者的對談。
[5] Victoire Doutreleau，《Et Dior créa Victoire》，Le Chercher Midi，2014 年。
[6]-[7] 出自與本書作者的對談。
[8] 〈Un jour, un destin: Karl Lagerfeld: être et paraître〉，出處同前述。
[9] 《Le Divan》，Marc-Olivier Fogiel，France 3 電視台，2015 年 2 月 24 日。
[10] Richard Gianorio，〈Karl Lagerfeld: "Je suis au-delà de la tentation"〉，《Madame Figaro》，Lefigaro.fr，2015 年 8 月 28 日。

鬼魂的剪影

六〇年代初期，卡爾拉格斐的住處仍位於左岸，不過更靠近塞納河，而且非常具象徵性住在伏爾泰河岸——法國哲學家，門采爾畫中德國君主的座上賓。其他人物則如幽魂般在他的住處飄蕩。「左邊是香奈兒和米希亞・塞特相識的公寓。」[1] 他說：「當時那裡住的是居瓦侯爵（marquis de Cuevas），因此芭蕾圈的人常常出入那兒。」[2] 他們的名字有如鬼魂一般圍繞。

To be or not to be？這正是最關鍵的問題。比起德國，在巴黎若想通往功成名就的道路，就必須更加敏銳，但是年輕的卡爾心中早已有了答案。他在父母的宅邸中，就已經是個人小鬼大的角色。生存和毀滅，事實上只不過是同一枚獎章的一體兩面。他必須將自己隱藏在面具之下，以這種巧妙

的方式觀看那些注意他的人們。他也愈來愈常戴墨鏡，藏起自己的眼神。「偶爾我們會看到卡爾沒戴墨鏡，你會發現他的眼神非常迷人，帶有南歐和東方風情的眼神，睫毛很長，神情溫柔。我猜想或許這就是他想隱藏雙眼的原因，因為他總是多少認為自己是維京人或普魯士人，然而他的外表卻和那些特徵毫不相符。」[3]譚・吉迪切利回憶道。那個年代，沒有人會在大白天戴墨鏡。

卡爾經常到花神咖啡館，坐在紅色高背沙發座。他鍾情於這個地方自開業以來，總是聚集了各路文人雅士。

某方面來說，宛如腓特烈二世的無憂宮前廳。他總是會買一堆報紙和幾本書，買好幾份。因為他會分送給其他人，也因為他會剪下喜歡的內容。他想要感受一切、明白一切、預備一切。捕捉時代的氛圍和行人的風采，了解街道的名稱和車水馬龍。墨鏡讓他能夠祕密觀察來來往往的人，閱讀報章雜誌時，他會把墨鏡推到額頭上。黑捲髮和飽滿的翹唇，更增添他的神祕魅力。

早上到咖啡館成了習慣。他是個搶眼的人物，從頭到腳無懈可擊，他的存在逐漸成為花神咖啡館的一部分。卡爾開始聽見聖傑曼（Saint-Germain）地區出現關於他的流言蜚語。這個有如從時尚雜誌中走出的年輕德國男子是誰？他究竟來自何方？他在巴黎做什麼？他在打什麼主意？尤其是他花錢毫不手軟。

日後成為卡爾拉格斐左右手的文森·達瑞（Vincent Darré）解釋：「他想在巴黎過著在電影裡看到的生活。有白色勞斯萊斯穿梭、香檳、美心飯店（chez Maxim's）……他想要扮演這類場景中的角色，有如王者。」[4] 就像費茲傑羅的小說《大亨小傳》（The Great Gatsby）主人翁蓋茨比般闊綽的大亨，前進的同時，又像「一艘小船，抵抗不斷將我們拍打回過去的逆流。」[5] 他刻意絕口不提自己的過去，任謠言八卦甚囂塵上。有人說他是默片黃金時代德國女演員的兒子……有人說他是養子……他的父親留給他一筆可觀的遺產……。有人說看見他和男友們一起練肌肉……卡爾隨人

說，毫不在意。青少年時期瀰漫鄉間的濃霧並未消散。他整個人籠罩在迷魅的藝術氣息中。在嚴峻冷硬的外表下，或許藏著故事、情感、祕密。真相無人能及，藏在他隨心所欲更換的屏風、變幻莫測的面具深處，那正是他的魅力和吸引力之所在。

在花神咖啡館對面的利普小酒館（Lipp）用過午餐之後，卡爾偶爾會在下午時去到塞納河畔的德利尼游泳池（piscine Deligny）。幾個帕杜的模特兒往往也會和他一起去，他身穿連身泳衣愜意地做日光浴，而且相當享受他人的目光。因此另一位年輕人「碰上」他並非巧合。他是法蘭西斯・菲柏（Francis Veber），當時正在服兵役，懷抱著導演夢。他注意到設計師身旁的幾個帕杜模特兒：「我放低身子，悄悄接近圍繞他的佳麗們。一不小心就撞上他了。我對他說：『真是抱歉，我試著接近您的模特兒們。』他大笑，然後我們就聊了起來。我發現他非常討人喜歡。」[6]卡爾的豐富學識和顯赫家世令他印象深刻，生於德

國北方富貴人家的孩子，卡爾拉格斐的傳奇就此展開。書

本、金錢、態度、神祕感，現在只差來個一鳴驚人之舉。

註

[1] 米希亞‧塞特（Misia Sert），社交名流鋼琴家，公認是「巴黎女王」，
也是眾多知名藝術家的繆思。

[2] Loïc Prigent，《Partir avec Karl Lagerfeld à Paris》，Air France Magazine，
2007 年 12 月。

[3]-[4] 出自與本書作者的對談。

[5] Francis Scott Fitzgerald，《大亨小傳》，LGF，1976 年。

[6] 出自與本書作者的對談。

隱身幕後

　　卡爾拉格斐成為 Patou 的藝術總監，不過對他的野心而言這尚不足道。而且他簡直快無聊死了。因此他利用一年兩度的服裝系列之間的空閒時間狂歡作樂、跳舞，以及鍛鍊身體。健美時代與大部分的人開始健身之前，他已經開始鍛鍊肌肉。

　　1962 年，伊夫‧聖羅蘭在皮耶‧貝爾傑（Pierre Bergé）的幫助下首度推出同名品牌的第一個系列，皮耶後來成為他最忠誠的祕密支持者，也是他的伴侶。伊夫在法國服裝界的地位步步攀升，然而他的好友似乎不為所動。也許卡爾志不在此。

　　時尚產業才剛起步，抓住這個轉機或許正是另闢蹊徑的方法。高級訂製服正在式微。克洛蒂‧布魯耶解釋：「成衣

（prêt-à-porter）過去叫做『現成品』（confection），五〇年代產量開始增加。一開始，成衣僅是高級訂製服系列推出六個月後，帶有些許訂製服影子的系列。但是成衣品牌逐漸了解到它們必須轉型，因此要求設計師們改變設計方向。」[1]卡爾抓住自成一條獨立路線的成衣商機，而且心中有個明確的目標：他絕對要到 Chloé 工作，因為「他知道那是當時精品成衣的指標。」[2] 她補充。

　　Chloé 的兩位經營者嘉比・亞吉翁（Gaby Aghion）和賈克・勒諾瓦（Jacques Lenoir）和卡爾會面。前設計師傑哈德・彼帕（Gérard Pipart）跳槽到 Nina Ricci 後，他們一直對設計團隊很不滿意。

　　「我曾經和 Chloé 一起工作，但是也為其他品牌工作，這點讓勒諾瓦很不高興，他不想繼續用我。」譚・吉迪切利說：「他們要的是專屬設計師。」[3] 卡爾說服 Chloé 的兩位經營者，自己就是品牌的不二人選。1964 年拍板定案。裁縫師安妮塔・布莉耶（Anita Briey）描述與這位三十歲年輕

設計師的初次見面：「他非常英俊，是個美男子……而且卡爾親切得不得了，個性直率，大家都很喜歡他。卡爾讓人感覺很自在。」(4)

　　這位腦袋充滿點子的年輕設計師，在家完成設計稿後，才帶著上百張手稿到公司，呈現給對他讚賞有加的總監。他們暢談藝術，激盪出無數火花。卡爾非常細心又充滿熱情。他日以繼夜地工作，比誰都認真。大量的手稿堆滿工作室的桌子，也占據了工坊。他解釋手稿時，必須聚精會神地聽他說話。安妮塔‧布莉耶回憶：「我必須要適應他的說話方式。有時我回到工坊後，心想：『可惡，我剛剛沒有完全聽懂他在說什麼，他說太快了。』不過只要看到他的手稿，立刻就會明白了。卡爾是細節專家，可不會隨便用幾條簡單的線畫個肩膀和袖子。他會畫上胸前的剪裁線，如果有需要也會畫上公主線。總之，一切都解釋得很清楚，真是太驚人了。」(5) 有時學徒在人臺上製作的立體剪裁版型和手稿不符，不過卡爾總是會注意到，三兩下就能解決問題。

1965 年，薇克朵亞・杜特洛也創辦自己的服裝品牌，某天下午她要卡爾到她在佛許大道（avenue Foch）的住處，幫忙她完成首個服裝系列。仍保有默契的兩人重溫談天說地的快樂，只不過這次聊的是工作。卡爾是 Chloé 的設計師，然而人們不會看到他的大名，無論如何他的名字不會出現在衣服上。他的低調令薇克朵亞相當意外。她鼓勵好友：「你可以註明『Karl pour Chloé』呀！」[6]

　　一如其他設計師，拉格斐從未署名自己設計的系列；這並不是缺乏野心，而是品牌就是這樣運作的。「Chloé 的服裝系列在傑哈德・彼帕離開後，是由四、五個人共同設計的。設計師從來不會說哪些是自己設計的。」[7] 克洛蒂・布魯耶解釋。卡爾並不討厭在品牌的影子裡匿名工作，也從來不局限在單一風格。他不屬於任何人。他在此處，也在彼方，擁有無所不在的自由，隱身幕後，慢慢前進。

註

(1)~(3) 出自與本書作者的對談。

(4)~(5) 《Un jour, un destin: Karl Lagerfeld: être et paraître》，出處如前述。

(6)~(7) 出自與本書作者的對談。

微不足道的消息

　　卡爾的雙親是否為兒子的成就感到驕傲？奧圖的豐厚經濟後援從未短少過。然而他是否真的了解，當年靜靜翻著《Simplicissimus》週刊的小男孩現在成為什麼樣的人？至於鼓勵他離鄉背井，到法國築夢的艾莉莎貝特，她現在是否為合約滿檔的兒子感到欣慰呢？聽聽當事人的敘述，就會發現這些家人的美意比表面上更複雜。

　　他的母親當然不會因為距離，就不再對他語帶諷刺。

　　「我記得（她）在我二十四歲生日那天打電話給我，她說：『噢，現在說正好：二十四歲後，人生就走下坡了。所以你現在最好注意點。你可以在胸前畫個十字架，向青春道別了。』[1]」她完全沒有因為兒子成為服裝設計師而感到欣喜，因為據卡爾所說，母親熱愛時尚，卻從未親臨現場看他

的秀。奧圖究竟了不了解小兒子的工作性質？「他深信自己獨特又有才幹，所以對其他事情毫無興趣。」[2]日後卡爾娓娓道來，語氣透露了淡淡苦澀。這點也透露了為何卡爾希望進入時尚界，而非走入父親安排好的人生。「掛著自己姓氏的品牌，這絕對不會讓他們開心的。我還記得他們如何諷刺漢堡以姓氏取名的商家。」[3]

換言之，擁有一個自己的服裝品牌，對拉格斐家族而言，總歸是件庸俗的事。難道這不是另一種更隱晦的方式，讓父母理解他在時尚界打滾的理由？無論如何，卡爾的父親並不明白兒子將何去何從。

《炎熱之夏》小說中的最後一夜，敘事者被猛然扯離無憂無慮的世界。他在城堡附近的樹林中，發現死去的父親躺在他的腳邊，有毒癮的父親因嗎啡過量而致命。他的屍體停放在廣大莊園的其中一個房間。凱澤令寫道：「走進停放棺木的房間時，我浮現的念頭是：『到頭來，事情並沒有這麼糟。』」[4]但是與年輕伯爵不同的是，卡爾沒有見到死去的

父親。他沒辦法久久注視父親的屍體，然後眼睛盈滿淚水，轉身離去，回到生者的世界。

「我的母親過了三個禮拜才通知我。我從來沒有參加過葬禮，不然我倒是很喜歡隆重的葬禮儀式呢。」[(5)]

他碰巧打電話給爸媽，那時候才得知父親——奧圖・克里斯提安・路德維希・拉格斐男爵——撒手人寰，他於1956年7月4日過世，享年八十五歲。死前正在讀報紙。艾莉莎貝特對丈夫的過世雖然感到意外，不過仍表現得很鎮定，畢竟生活還是得繼續下去，為過去哭泣僅是枉然。一如孩提時代，卡爾對母親的態度完全沒有意見，而是冷靜地面對之。

他們母子倆的關係，向來是理智與情感之間永不止息的對抗，而情感總是被盡可能地消除。丈夫過世不久後，艾莉莎貝特賣掉老家的宅邸，並將卡爾孩提時代的房間家具寄到巴黎給他。卡爾早年在巴黎的日記中提到這一件事，而且非常震驚地發現在那些物品之中，竟獨漏了他的私人日記：

「我問她，我收在寫字檯裡的日記呢？她回我：你非得讓全世界知道你以前有多蠢嗎？她一定全部都讀過，然後全部銷毀了。」[6] 何必為此感到詫異呢？艾莉莎貝特絕對不會允許在她眼中有失體面的任何事情。凱澤令，她的兒子最愛的作家，死前也親手燒掉所有的日記。

作為回報，卡爾將喪夫的母親接到巴黎居住。她住在卡爾位在大學街（rue de l'Université）35 號的新公寓裡。小床、單人扶手椅，還有寫字檯，在某個角落重現卡爾在德國時的房間擺設。這些失而復得的家具串起連結，織出一片失落的童年天堂。

註

[1]Jean-Christophe Napias 和 Patrick Mauriès，《Le monde selon Karl》，出處如前述。
[2]~[3]Guillemette de Sairigné，〈Style: le prince Karl〉，《Le Point》，1987 年 1 月 12 日。
[4]Eduard von Keyserling，《Été brûlant》，《Œuvres choisies-Histoires de

château》，Thesaurus/Actes Sud 出版，1986 年。

(5)Marie-Claire Pauwels，〈Karl le magnifique〉，出處同前述。

(6)Françoise-Marie Santucci 和 Olivier Wicker，〈Lire, la chose la plus luxueuse de ma vie〉，《Libération》，2010 年 6 月 22 日。

時代感

　　在 Chloé，一季季的服裝系列，卡爾拉格斐為品牌創造耳目一新的形象，注入高級訂製服的氣息。據克洛蒂・布魯耶的說法：「雖然他沒有大刀闊斧地革新服裝的線條，但是卻讓服裝輕盈不少。他摒棄了那些在高級訂製服中增加挺度的襯布。最後他將長度裁剪得剛剛好，以細巧的布邊縫收邊，並將這個技巧運用在法蘭絨、喀什米爾、大衣、外套、雙縐綢以及晚禮服中。大大提升女性穿著時的舒適度。」[1]

　　Chloé 的銷售量一飛沖天。「嘉比・亞吉翁能遇見卡爾拉格斐，簡直是從天而降的好運。他讓品牌恢復生機，增添創意、魅力和女人味，這些都是之前所沒有的。卡爾是她的恩人，有如扭轉乾坤的精靈。」[2]嘉妮・薩梅肯定地說。艾維・雷傑（Hervé Léger）[3]曾是他的助手之一，描述卡爾一

天到晚都在工作：他總是最晚離開，也是最早抵達工作室的人。卡爾也會觀察其他設計師，完全吸收他們的風格。很快地，「嘉比‧亞吉翁發現卡爾獨一無二，因此沒有必要留下其他設計師了。」[4] 艾維‧雷傑做此結語。那些設計師一個接一個離開。

薇克朵亞是否影響了卡爾？此時正值索妮雅‧希奇耶（Sonia Rykiel）、艾曼努‧卡恩（Emmanuelle Khan）或多洛蒂‧畢絲（Dorothé Bis）等眾多年輕設計師紛紛崛起的時代，創立自己的同名成衣品牌，此時卡爾卻為嘉比‧亞吉翁的品牌做設計。「卡爾想要的就是獨自在 Chloé 工作。而他也確實辦到了！其他設計師都不敵他的天賦與才智，最後只有他留在設計師的位子上。」[5] 克洛蒂‧布魯耶解釋。

在拉格斐的巧手下，六〇年代末到七〇年代初期，隨著季節更迭的節奏推出的服裝系列變得輕盈不少。「窄身短外套和花朵圖案的襯衫，雖然風格很復古，但卻是電影般的復古風：電影在那個年代具有重要地位，卡爾大量參考電影作

為服裝風格的靈感。他所勾勒的女性自由又浪漫，同時又帶點『不羈』。」[6]文森·達瑞描述。

卡爾常常光顧定期播放黃金年代默片的法國電影館（Cinémathèque française）。他以影像為養分，在材質與色彩上做變化，像是不對稱剪裁、色彩繽紛的絲質服裝等。

「卡爾以天馬行空又獨具創意的手法利用影像。」帕特里克·烏卡德（Patrick Hourcade）分析：「他的靈感來源非常多元，從書籍到雜誌，甚至物件本身，像是一個花瓶、一件珠寶。他總是不斷剪剪貼貼，重新描繪、上色……他就是如此創作出最為人津津樂道的印花。襯衫、罩衫、洋裝、大衣、外套、長褲……。文化涵養總是不會錯的。」[7]

Chloé 的秀場總是充滿色彩和動感。白色的勞斯萊斯，在美心飯店喝香檳、吃午餐的生活近在咫尺。藝術家眼中的世界逐漸成形。由於對 Chloé 忠誠，他成為簽約的專屬設計師，卡爾拉格斐從此處在世人目光下，接受評論。他的全新地位、才華、靈巧迅速，讓他有本錢談判，得到更多自由。

同時間，他成為自由設計師，成功與許多其他品牌簽下合約。「我既非老闆，也非雇主，不屬於任何人。」[8]他下此結論。每一季的新系列，他不僅能夠重現，更能超越該品牌的精髓。

「由於擁有豐富涵養，而且思緒極快，因此他很清楚如何為各個品牌創造清晰的形象。」[9]文森・達瑞如是說。

在這些品牌中，包括一個名氣響亮的義大利精品：Fendi 的皮草，卡爾將之注入現代感。他在桌子一角畫了兩個相嵌的 F，意即「Fun Fur」（玩趣皮草）。這個圖案後來成為 Fendi 的標誌。這是時尚界史中，歷時最久的合作開端。卡爾拉格斐以處理織品的方式，靈活運用皮草，讓大衣的外型頓時顯得輕盈。卡爾到義大利時，借住 Fendi 家姊妹位在羅馬的公寓。他抵達的時候，一切都準備就緒。他看幾眼，給些建議便離開了。從此展開在各個辦公室、飛機、風格、材質以及談話對象之間流轉的生活，來去有如一陣旋風。「為 Fendi 的皮草注入現代感，然後到風格帶有許多蕾絲、

充滿浪漫女人味的 Chloé……」[10] 艾維・雷傑強調。這番忙

碌的工作過程，自開始後，就從來不曾間斷。

　　他總是有辦法讓接踵而至、數量益發龐雜的工作維持得

有條不紊，而這些手稿中隱含著某種狂熱，延續了孩提時代

在畢森摩的塗塗畫畫……幾乎令人懷疑卡爾是否有分身幫忙

工作，因為他就是能做得又快又好。

註

[1]~[2] 出自與本書作者的對談。

[3] 品牌被收購後，Hervé Léger 在卡爾拉格斐的建議下，於 2000 年以本名
創立 Hervé L. Leroux，另起爐灶。

[4]~[7] 出自與本書作者的對談。

[8] Guillemette de Sairigné，〈Style: le prince Karl〉，出處同前述。

[9]~[10] 出自與本書作者的對談。

傳奇的誕生

六〇年代末，卡爾已經來到巴黎十年，報章雜誌終於能夠正確拼寫出「Karl Lagerfeld」。媒體爭相報導他，在路上尾隨他，問他許多問題。媒體想要知道這個腦袋裝滿創意、正在法國取得一席之地的德國人到底是誰。總歸三個字：媒體起了「好奇心」。

1968 年 5 月，距離學運人士設置的路障僅數百公尺，卡爾雙手交叉胸前，在他的巴黎公寓中平靜地接受知名電視女性節目《Dim Dam Dom》訪問。這個節目對男人的興趣更勝沸沸揚揚的革命之月。卡爾穿著白色高領毛衣，乳白色西裝，一頭留長的黑髮旁分。

他坐臥在白色單人沙發上，正對鏡頭，套著駝色長靴的雙腿交叉。他的眼神溫和，但是又黑又深。他以時尚專家的

身分，正經八百地回答當天的問題。態度就是一切。「對我來說，內衣就是衣服。而且我認為『內』這個字幾乎帶有貶義，因為我覺得，穿著內衣也應該像穿著外衣時同樣自在才對。」[1]需要與服裝相關、具備公信力的觀點嗎？問卡爾就對了。

這位三十歲，「精通多國語言的無國籍人士」[2]為二十多個品牌「每年設計近兩千種服裝和配件」[3]。他是世間少有的奇才，理當受到下午一點的新聞報導。1970 年 4 月，他再度接受採訪，仍在自宅中，不過這次是在書房。攝影機前，角色已然成型。

卡爾的頭髮變長了，改穿深色服裝。指導著模特兒的他，被黑色大墨鏡藏起雙眼，然而眼神仍若隱若現，露出某種溫和的神情，與鏗鏘有力的說話方式形成對比。「我設計昂貴的洋裝，也做實惠的洋裝，設計毛衣、泳裝，但是我的設計絕對不會重複，即使在其他國家也一樣。」[4]不久後，1972 年 1 月，當時最具指標性的記者伊夫・穆魯希（Yves

Mourousi）邀請卡爾上節目，而卡爾拉格斐甚至配合節目的安排，改造歌手妲妮（Dani），變身成性感魅惑的女人。大眾完全被收服了。這段期間，紙本媒體也開始報導這位擁有多重身分的年輕神祕男子：「卡爾拉格斐……對潮流的影響力不下於品牌。普普風、媚俗風、馬褲、帶裙撐的洋裝，他全都搶先一步想到了。」[5]

他驚人的工作能力令人好奇：「在法國，他為 Chloé（他的實驗室）設計精品成衣、Timwear 的針織品、Monsieur Z 的仿皮草、Neyret 的手套……在義大利，他為 Mario Valentino 設計鞋履，還設計泳裝、帽子、包袋、珠寶、織品……在德國和英國，他則設計毛衣。」[6]當眾人都拜倒在他的能力之下時，卡爾繼續開拓自己的道路。

他的約會從來沒停過。在兩季服裝系列之間、在兩次訪談之間，這位設計師不斷雕琢自己愈來愈具體的角色形象，並且繼續流連在他情有獨鍾的「木牆沙龍」，老派的藝文人士最喜歡出入的地方。

現在，在花神咖啡館，人人都知道他的來頭。

除了柯瑞・格蘭・提賓（Corey Grant Tippin）——為了逃離越戰，這位初來乍到巴黎的年輕美國人，對卡爾拉格斐的工作與生活一無所知。但是他發現卡爾每次近午時的現身總令人眼睛一亮：「我在紐約生活時見過許多特立獨行的人，但是我從來沒見過這種人。卡爾總是滿手戒指，配戴許多珠寶和配件。他真是不可思議，簡直令人側目。」[7] 不得不說，七〇年代初期的巴黎聖傑曼一帶已布爾喬亞化，短版西裝外套和高領毛衣大舉攻占此區域。卡爾和他們形成強烈對比，他的外型如畫一般，極盡雕琢之能事，用色柔和，線條硬挺俐落，對普普潮流的詮釋充滿現代感，令人驚豔。他以縐綢絲巾搭配繽紛印花的絲質襯衫，牛仔褲上是碩大的腰帶扣，這一切都不是當前潮流，卻變化出新花樣。卡爾本人的衣著風格，除了運用為 Chloé 設計女裝的手法，他也繼續扮演自己一手創造的角色。他不希望自己的形象只停留在五〇年代末、開著敞蓬車在巴黎出沒的「神祕德國人」。現在的他不

再只是巴黎的芸芸眾生之一，而是舉足輕重的人物了。

他可以點一杯最愛的可口可樂，沉醉在閱讀中，偶爾看一眼戴在襯衫袖口上的錶。其實他沒有在等誰。

註
_____

(1)〈Des dessous discuté〉，《Dim Dam Dom》，ORTF，Rémy Grumbach掌鏡，Daisy de Galard 製作，1968 年 5 月 12 日。
(2)-(4)《Mode: styliste Karl Lagerfeld》，下午一點新聞，ORTF，1970 年 4 月 27 日。
(5)-(6)Dominique Brabec，〈Un dandy discret〉，《L'Express》，1972 年 4 月 10~16 日。
(7) 出自與本書作者的對談。

拉格斐幫

　　卡爾拉格斐的成功和新得到的響亮名聲，固然歸功於其天賦才華、具體落實想法的堅定意志，以及他建構出的形象，但是就某種程度上，也必須歸功於和某人的相遇。安東尼奧・羅培茲（Antonio Lopez）是才華洋溢的美國插畫家與攝影師，比卡爾年輕十多歲。當時他為了激發新的靈感而來到巴黎，和卡爾一樣心醉於圖畫。卡爾極為激賞其筆下毫不保留地流露的現代感，立刻明白與這位藝術家合作能帶來的好處，因為羅培茲為眾多時尚雜誌繪製插畫，包括《Vogue》和《Harper's Bazaar》。

　　安東尼奧・羅培茲的身邊總是吸引成群跟隨他來到巴黎的年輕男女模特兒。他們皆懷抱著七〇年代的巴黎夢抵達這座城市，柯瑞・格蘭・提賓就是其中之一。起初他發現龐畢

度總統時期的法國表面一切祥和平靜，為此感到困惑，不過漸漸地，他進入占盡風頭的時尚圈縱情享樂：「我們無所事事，生活只有一個目標，那就是被美麗的人們圍繞，盡情體驗如夢似幻的氛圍。」[1] 當年，這樣的願望並非遙不可及……。

　　卡爾的時尚天線對趨勢非常敏銳，而且他也具有萬人擁戴的特質。由於收入和家產豐厚，他為這群年輕的享樂男女在波拿帕街（rue Bonaparte）租了一間公寓，在他經常活動的街區租了另一間公寓，就在聖傑曼大道134號。後者很快就成為他創作的工作室。總是人來人往，他們離開或是留下過夜之前，就在這裡談天說地、畫畫、讓卡爾拍照。這些來來去去的模特兒包括潔莉·哈爾（Jerry Hall）、派特·克莉芙蘭（Pat Cleveland），還有潔西卡·蘭芝（Jessica Lange），她們為志同道合的安東尼奧和卡爾兩大幫主帶來許多靈感。

　　這些地方流轉著慾望。安東尼奧·羅培茲來巴黎感受新

氣象，卡爾則從他身上汲取紐約客的氣息並應用在創作上。

兩人共同翻新了 Chloé 的女裝輪廓。卡爾對安東尼奧解釋自己的想法，安東尼奧按照說明繪製手稿。偶爾，這位美國插畫家則會拿起卡爾的手稿，強調或修改部分線條。「他們心有靈犀，碰撞出無與倫比的能量。」[2] 柯瑞回憶道。柯瑞後來成為安東尼奧的彩妝師和助理。

聖傑曼大道和紐約的「工廠工作室」（譯註：The Factory，安迪‧沃荷的工作室）之間看似雷同，實際上卻不然。而且這並非毫無根據。因為這幫美國人中包括最當紅搶手的藝術家——安迪‧沃荷（Andy Warhol）。沃荷來到法國，為普普畫作尋找客戶。卡爾把沃荷帶進自己的圈子，這些人給他意見，並答應成為最聞名的絹版作品的畫中人。安迪‧沃荷比卡爾年長五歲。

當時的沃荷已經展出金寶罐頭（Campbell Soup），畫過瑪麗蓮‧夢露和貓王，拍過多部電影，甚至還遇刺撿回一命。他利用為人熟知的假髮，打造出一個人物。卡爾尋尋覓

覓一個更強烈的形象，不斷重複相同的主題，渴望從事各式各樣的創作活動，自然會對這位紐約藝術家感興趣。他並不崇拜安迪·沃荷，而是好奇地觀察他。「這傢伙很清楚世界的遊戲規則，找到什麼就用什麼，而且把一切都變得新奇有趣。他用的全都是人們熟悉的事物，偉大的藝術家就是這麼做的。而卡爾也明白這點。」[3] 文森·達瑞說。

　　卡爾和安東尼奧並非正規地合作，安東尼奧卻間接影響了 Chloé 的線條。雖然安東尼奧並不為品牌工作。然而「多虧卡爾和安東尼奧的相遇，Chloé 的風格才能變得如此鮮明。」譚·吉迪切利分析：「卡爾利用那幫美國人，讓他們聚集在他身旁，這才帶來 Chloé 的成功。品牌現在無法沒有卡爾，權力關係因此翻轉。現在嘉比·亞吉翁和賈克·勒諾瓦已經不再是 Chloé 的中心，卡爾才是。」[4]

　　對這群人而言，卡爾不僅是守護者，更令他們驚豔的，是卡爾廣博的學識，其言談間總是巧妙地引經據典，不過對他們來說過於深澀難解。他的慷慨同樣令人驚訝。某種程度

上，他是這群美國人的「贊助者」。他為他們付房租，定期邀請他們到巴黎最華美的場所用餐。「『魚子醬餐廳』（Maison de Caviar）是他最喜歡的餐廳之一。」柯瑞詳述：「不過他的好意不只表現在金錢上。他也會給我們建議，幫助我們成長。」[5] 位在蒙帕那斯（Montparnasse）的傳奇餐酒館「圓頂餐廳」（la Coupole）是另一個卡爾喜愛光顧的高級場所。或許某些夜晚他會出現在此，身邊跟著派特、保羅、比利、瑪、安東尼奧、柯瑞以及其他人……每一次，他都會讓人眼睛一亮。他或許會以位在聖傑曼他常去的古著商店尋得的裝飾藝術時期的胸針搭配大衣。

他們的穿著打扮，完美融入餐酒館的二、三〇年代氛圍，幾乎就像異教徒的宴會。卡爾說著一口流利的英語。「這樣聊天方便多了。我們完全不必費力說法語。」[6] 柯瑞憶道。用餐期間，卡爾總是非常親切，而且相當風趣。偶爾他會靜靜地坐在一旁，彷彿心中突然湧現一股惆悵。

並不只有拉格斐幫會舉行時髦的餐酒館之約。伊夫·聖

羅蘭也會擺桌宴客，誰都歡迎；他和身邊的人的關係較稍縱即逝，整體而言更偏普魯斯特式。兩邊的風格大相逕庭。即使到另一邊聊天玩樂並不會惹得自己的「幫主」勃然大怒，不過看來兩邊的人並不會真的打成一片。「從來沒有人跟我說：『不准跟聖羅蘭見面』，聖羅蘭那邊也一樣。」[7] 柯瑞堅定地說。然而還是謹慎為妙，因為誰都不希望在兩位變成彼此競爭對手的昔日好友之間，惹得場面更加難看。

在這種時候，兩人其實正暗中較勁著，看似風平浪靜，卻隨時可能一觸即發。

在花神咖啡館，午餐時的卡爾不再是獨自一人。他細細讀著報章雜誌，隨時注意新交的美國朋友們的反應。對他們而言，卡爾拉格斐畢竟是個怪人，他與他們太不一樣了，他不喝酒，不抽菸，而且從來不碰毒品。或許這一切並非出於節制的美德，而是出於恐懼，害怕失去自制力。卡爾也從來不談自己的私生活。大家只知道他在父親過世後，將母親接到巴黎，一起住在大學街的公寓。不過他們能夠感受到卡爾

深愛這位同樣神祕的女性，而且對她滿懷敬意。這群年輕的
美國人對此充滿好奇心，夢想著能夠接近這位對卡爾而言最
重要的人。直到卡爾邀請他們到家裡用晚餐，他們的夢想終
於成真。

註

[(1)~(7)] 出自與本書作者的對談。

卡爾與艾莉莎貝特

　　對於初抵卡爾家的情景，以及踩在深褐色地毯上的觸感，柯瑞‧格蘭‧提賓仍歷歷在目。他和朋友們彷彿穿越時空，來到一個與現代截然不同的地方，好比圓頂餐廳，但是更華美。這就是設計師卡爾的私人住處，他的祕密天地。巧妙地布置，揉和許多藝術家的作品，像是杜儂（Dunand）的漆器，封塔那（Fontana）的雕塑，拉蘭納（Lalanne）的家具……邊緣飾以黑色線板的粉紅牆面上，掛著許多金色鏡子。夜晚就在如此醉人的氛圍中展開。柯瑞清楚記得抵達的時候，他感受到自己和這群年輕人糜爛的生活方式，與卡爾的生活形成強烈反差，他們帶著白板——常被作為毒品使用的強效鎮定劑，而充滿德國嚴謹氣息的卡爾拉格斐從頭到尾只喝可口可樂。

大學街 35 號的公寓後來徹底改頭換面，擺上充滿未來感的簡約白色單人椅，與卡爾拉格斐曾偏愛的裝飾藝術與懷舊風情截然不同。「卡爾很前衛。」帕特里克・烏卡德強調：「因此在他的影響下，發展出全新的布置風格。當年他投入這種新風格的時候，還沒有人對裝飾藝術感興趣呢。他發掘許多裝飾藝術時期的精美古董，一如今日名氣響亮的雀絲卡・伐洛瓦（Cheska Vallois）和菲力克斯・瑪希拉克（Félix Marcilhac）。然而，他同時也重新思考符合時代的居住藝術。」[1]

裊裊煙氣和笑語聲中，有個問題懸在柯瑞心上，他差點沒開口：「拉格斐夫人到底在哪裡呢？」奇怪的是，大家都還未見到她。她的缺席騷動了這位年輕模特兒的好奇心。於是他決定溜出沙龍一會兒，逛逛這間偌大的公寓。

然後意想不到的事發生了：「我打開一扇門，然後就看見卡爾的母親在一個房間裡，應該是她的臥室的附屬小房間。我知道自己非常失禮……我很訝異發現她竟然在那裡，

獨自一人。她和卡爾的長相簡直是一個模子。」[2] 拉格斐夫人和兒子描述的模樣很不一樣，在柯瑞眼中顯得相當保守，而且非常溫柔。但是他並沒有時間深入探究，禮貌地打聲招呼後便關上門。兒子在公寓接到朋友時，拉格斐夫人顯然一整晚都靜靜地待在房間裡。

卡爾是否誇大了母親的尖銳態度？能夠回答這個問題的見證者實在少之又少。電影人法蘭西斯‧菲柏剛好是其中一人。同一年他到卡爾家拜訪時，也見過拉格斐夫人。他也意外碰見她，只有短短幾秒鐘，卻足以讓菲柏確認拉格斐女士的犀利性格：「她看見我，對兒子『臭罵』幾句，卡爾似乎聽懂她的意思。她感覺非常日耳曼，言行舉止都嚴謹得不得了，卡爾會為了討她歡心而屈服——因為他也遺傳了她的個性。這點在他倆之間形成某種默契，有如站在同一陣線。」[3]

這頓晚餐後，卡爾與母親顯得更加神祕，柯瑞有機會多接近艾莉莎貝特‧拉格斐一點。卡爾在高雅人士最愛的度假

勝地聖托佩（Saint-Tropez）租了幢別墅，接待路過的友人。他的母親當然也一起來。助理安東尼奧‧羅培茲因而有幸陪艾莉莎貝特搭火車，第一印象是：「她很拘謹，教養非常好，完全不會令人害怕。她把我當成一位紳士對待，即使我連紳士的邊都搆不上。我們在火車上共進晚餐，準備結帳時，她從餐桌下塞錢給我，這樣看起來就是我買單的……真的非常貼心。」[4]

　　拉格斐夫人完全不干預兒子在聖托佩的生活，卡爾總是喜歡待在泳池邊，和大家打成一片，談天說地。她似乎很感謝卡爾為自己打點的一切。她幾乎足不出戶。若要到城裡，她就會穿上非常漂亮的洋裝出門散步。至於卡爾，他則拋開厚重的縐綢襯衫，換上大挖領背心，露出一塊塊肌肉。他持續定期舉重。一頭黑捲髮，晒得黝黑的膚色，加上飽滿結實的身材，人們自然把他當成那群嬉笑玩樂的美國人之一。然而不同於那些在池畔做日光浴的人們，卡爾在房間裡不停歇地工作。偶爾，安東尼奧能夠成功把他拖到海灘上。他會為

卡爾上幾堂誘惑和社交的課，鼓勵他上前和其他人搭訕。在這方面，卡爾似乎懵懂無知。「看著他專心聽安東尼奧說話還滿有趣的，因為卡爾比較保守。」[5] 柯瑞回憶道。更能讓卡爾心動的，始終是畫畫。

在巴黎，卡爾的公寓天翻地覆，擠滿一大堆人。

他將位在大學街的公寓借給安迪・沃荷和保羅・莫里西（Paul Morrissey），讓他們拍攝地下電影《愛》（L'Amour），甚至還參與演出一角。這群美國人訴說他們的感情生活，卡爾則以英語即興演出。他低聲給予他們建議，聲音中充滿憂鬱。白色背心，半長的頭髮，他微笑著，很性感。有一幕他必須和模特兒唐娜・喬丹（Donna Jordan）舌吻許久，以特寫鏡頭拍攝，他那人盡皆知的拘謹害羞，是否在普普藝術領袖人物的攝影機前飽受摧殘？他是否記得安東尼奧的建言？也許並沒有。因為這一切都是逢場作戲。再說，他的靈魂一如他的心，已飄向別處。

註

(1)-(5) 出自與本書作者的對談。

心有靈犀

　　根據托瑪·巴雪（Thomas de Bascher）的描述，他的叔叔只要一現身，十幾雙眼睛就會立即轉向他：「賈克閃閃發亮。有時候我們會用『耀眼』形容一個人。賈克就非常耀眼。」[1]那一夜，在聖傑曼剛開幕的同志夜店「雲端」（Nuage）[2]，賈克在卡爾眼中顯得更加耀眼。「我很想認識您。」大概就是他對卡爾的開場白，其實他已對卡爾瞭若指掌。卡爾的事業正快速發展，到處都是他的設計系列，以及關於他的訪談。

　　他說中卡爾內心的幾個祕密，他愛人與被愛的渴望，同時又保持隱密，以便多加觀察同輩、審視潮流。他在卡爾的巴黎社交圈廣為人知的傳奇形象和戰後德國的內心傷痛之間，巧妙地趁虛而入。這位年輕人闖入設計師的生活並非巧

合。許多次，當卡爾踏進圓頂餐廳，身旁圍繞著美國友人夜夜笙歌時，賈克也都在餐廳深處，迫切地想要加入這個刺激的小圈子。他查找資料，做了功課。賈克心中對卡爾已經有些許好感，對此渾然不知的卡爾，其實心裡也對賈克萌生愛意。無論是在這裡或是他處，他倆的相遇是必然的。接下來很長一段時間裡，賈克的親朋好友認為，他們是在花神咖啡館相遇，以紅色長沙發座為背景，展開精彩機智的對談。賈克的人生一如卡爾的，甚至在書寫的當下即成為傳奇。「賈克總是從頭到尾精心打點自己。」[3] 托瑪・巴雪說道。賈克也深諳如何打造自己的光芒。

他會選擇哪一種場合作為自己亮相的背景呢？能夠營造最多慾望效果的背景當然是不二之選，正如他最心愛的床頭書《格雷的畫像》（*The Picture of Dorian Gray*）的寫照。「他的臉孔能夠讓人立刻產生信任感，寫滿青春的坦率和熱情的單純，彷彿他不曾染上塵世的汙穢⋯⋯生來就是要讓人傾倒崇拜。」[4] 這位陌生人展現完美的風采。賈克・巴雪・波

瑪榭（Jacques de Bascher de Beaumarchais）不只有一個貴族頭銜，而是兩個，頭戴飾以紅色絨球的海軍帽。而且他穿著巴伐利亞最著名的民俗服裝──皮短褲（Lederhose），大肆展現獨到品味。年輕的賈克一如卡爾，對衣物興趣極濃，穿衣打扮有如戴上面具。他也鍾情文學和傳奇，簡直為一切錦上添花。

這些把戲當然沒有騙過卡爾，然而，其中必定有一部分神祕感讓卡爾感到驚訝又難以捉摸，令他想要一探究竟。賈克獨特的穿著和卡爾遙相呼應。

他的打扮無疑令卡爾想起三十年前的孩提時代，他穿著同樣的短褲，讓自己與眾不同。賈克・巴雪以誘惑不羈的形象闖進卡爾的世界，不過這卻讓卡爾心情飛揚。

兩個相差近二十歲的男人，想必一路聊到天明。這場發生在 1971 年的邂逅，或許是這位服裝設計師一生中最幸福迷人，然而也最天翻地覆的悲劇吧。

這場邂逅開啟了一段故事，關於兩個男人，受到同一種

強烈的情感驅使：逃離人世間，開創另一個世界，打造自己的天地。「即便賈克的出身以及貝里耶家族（la Berrière）的地產讓他自己引以為傲，然而對他而言，這一切卻不足以建構出超越他心目中的自我形象，以及他希望世人對他的印象。」[5] 他的朋友克里斯提安・杜梅－樂沃斯基（Christian Dumais-Lvowski）如此分析。賈克的第二個貴族頭銜其實是額外加上的，來自家族地產的名稱，用以強調他的貴族血統。「他透露的各種行為，營造出年輕法國貴族的形象，像是優雅、內涵、姓氏、家族、家族的根源、祖先、對歷史求知若渴。」[6] 克里斯提安補充，他認識賈克以前，便已經在大衛・霍克尼（David Hockney）繪製的海報上看過他的肖像。法國，貴族，優雅……對卡爾來說，這是跨出象徵性的一步，距離他建構的王國更近了一些，而這個世界的核心仍帶著濃濃的鬥采爾畫作的影子。

　　賈克不需要工作，悠閒地搞搞藝術，如十八世紀貴族般玩花弄草。這一切在當年是可行的，他的社經地位也允許他

如此生活，因為他的家族在布列塔尼擁有一座小城堡，經濟相當寬裕。他的日子都耗費在雕琢自己，因此他得到「貴公子」的名聲。他既是藝術家，也是畫作；是金工匠也是珠寶。「賈克出門前要花上兩個小時構思穿著打扮的情境，找出最貼切的完美搭配。這個情境可能是一場盛會、某個場合，或是演繹某個角色人物。」[7] 他的姪子托瑪回憶著。每天早上，賈克重新塑造自己，參考堆滿身旁、從不離手的書籍，汲取靈感。對克里斯提安・杜梅－樂沃斯基而言，「若想真正了解賈克的個性，就必須先認識他心目中的萬神殿，特別是那些大大啟發他的浪漫神話。文學中，他最感興趣的當屬十九世紀末的頹廢文學，尤其是喬若斯－卡爾・于斯曼（Joris-Karl Huysmans）。《彼方》（*Là-bas*）的杜爾塔（Durtal）和《逆流》（*À rebours*）的德澤森特（Des Esseintes）兩個角色，對他打造自我形象的影響甚巨……他鍾情極端的人事物，對高貴和墮落、聖女貞德和吉爾・德・雷（Gilles de Rais）的興趣同樣濃厚……。」[8] 對他的兄弟札維耶（Xavier）而言，路德

維希二世是另一個賈克極為嚮往的人物。「賈克十三歲第一次到德國，就是去看路德維希二世溺斃的施塔恩貝格湖（lac de Starnberg）。我想，賈克當時完全認為自己就是他吧。路德維希二世的浪漫、詩意與天馬行空的一面深深震撼了他。他的狂想，那座神祕洞窟、他的裝扮……一切都讓賈克著迷不已，新天鵝堡就是他的夢幻之境。」[9] 他參考許多互補與相呼應的人物，東拼西湊出一個角色，再加上伊弗林‧沃（Evelyn Waugh）的小說《重返布萊茲海德莊園》（*Brideshead Revisited*）中的角色賽巴斯欽‧弗萊特（Sbestian Flyte）──頹廢思想的化身。賈克模仿弗萊特這位二十世紀初牛津大學學生的言行舉止，以自己的方式重新演繹其他角色，表面慵懶，嗜酒如命，再注入陰鬱的浪漫主義。他和弗萊特一樣，喜歡拿著一瓶酒散步──通常是起瓦士威士忌（Chivas）。另外一隻手裡則是他珍愛的泰迪熊，弗萊特最寶貝、絕不離身的泰迪熊名叫「亞洛伊烏斯」（Aloysius）；而賈克的熊寶寶叫做「米希卡」（Michka）。

兩人之間的關係於夏天在聖托佩正式曝光。這也是初來乍到法國的年輕日本設計師高田賢三第一次見到賈克‧巴雪。

　　高田賢三完全懾服在他那帶有一絲狡詐的美貌下。「賈克是非常俊美的男孩。言行品味相當優雅。人人都愛他。」[10]柯瑞還記得卡爾有多麼喜悅：「他向我們宣布：『我帶了我的朋友賈克』，他開心又驕傲，因為能有這樣的人兒作伴。」[11]豔陽使人群間的小小較勁更加白熱化。卡爾並不討厭安靜地待在一旁，觀察眼前上演的迷你人間喜劇。他在涼爽的房內，獨自一人繼續工作，他的畫紙、畫筆、他的母親與賈克之間，飄蕩著幸福的氣息。

　　在巴黎，他的出入總是有賈克為伴。有的晚上，人們會看到他們在美心飯店，身穿同樣的深色外套，裝飾著一模一樣的胸針[12]。賈克完全打入拉格斐幫了。在阿卡札爾（Alcazar）餐廳的長沙發座，他坐在卡爾的左手邊。

　　他留起小鬍子，卡爾則右眼戴著單眼鏡，兩人好似各有

特色的雙胞胎，在展覽開幕酒會、宴會、夜店或餐廳開幕的場合，光是他們和其他幾個人的存在，就足以成為全巴黎的目光焦點。

　　流言蜚語自然不會放過賈克，說他是小白臉，並捏造其他不實之言。賈克確實是花卡爾的錢過日子、買衣服打扮與狂歡，然而他們的關係與金錢交易毫不相干。卡爾比喻性有如乏味的體操，他們的肉體關係因此昇華。兩人之間的關係完全無法歸類，是全然精神上的交往，或許對卡爾來說，這樣最理想。他們兩人會純粹為了好玩而掛彼此電話，戲謔嘲弄他們逃離的一切，還有常人無法理解之事：居家平凡的幸福。

註
-----

[1] 出自與本書作者的對談。

[2] 參考《Jacques de Bascher, dandy de l'ombre》，Marie Ottavi 著，Séguier 出

版，2017 年。

(3) 出自與本書作者的對談。

(4)Oscar Wilde，《Le Portrait de Dorian Gray》，LGF 出版，1972 年。

(5)-(9) 出自與本書作者的對談。

(10)《Un jour, un destin: Karl Lagerfeld: être et paraître》，出處如前述。

(11) 出自與本書作者的對談。

(12)Alicia Drake，《Beautiful People》，出處如前述。

卡爾大帝

　　卡爾為賈克租的公寓就在小小的龍之街（rue du Dragon）上，距離花神咖啡館只有幾步之遙。他們常在大學街上的公寓見面，但是並不住在一起。他們必須保持距離，才能維持彼此之間的默契和靈感。這無與倫比的二人組愈來愈孤立於拉格斐幫的其餘分子。不久後，安東尼奧・羅培茲到雷恩街（rue de Rennes）另覓住處，為這段法國插曲劃下句點。

　　賈克是繆思，是卡爾心底的創作慾望的化身，大膽、自由，有如一陣微風。兩人一起耕耘雕琢外表的品味，正好反映了他們必須戴上面具才能前進的需求。「我認為他們之間是某種互補形式，一種關乎美感與藝術的關係：賈克就是卡爾的靈感泉源。」[1]克里斯提安・杜梅－樂沃斯基說。

從這位設計師的手稿線條中，處處可見心愛男子的影子。如此一來，卡爾進一步削去賈克的真實性，使得他更像一個虛構人物。

　　這兩位男子天馬行空的創意，很快便匯集凝聚在艾瑞希‧馮‧史托海姆（Erich von Stroheim）於尚‧雷諾（Jean Renoir）的電影《大幻影》（*La Grande Illusion*）中扮演的角色——全副武裝的豪芬斯坦將軍，托著下巴的護頸與單邊眼鏡，成為他倆心目中嚴謹正式的完美典範。此外，該角色的外型也喚起卡爾對戰間期的嚮往，即他父母經歷過的那個輕佻頹廢的德國。在賈克的建議下，他將豪芬斯坦將軍的服裝造型融入自己的個性。他從此放棄繽紛的印花襯衫，建立起一絲不苟又時髦的個人造型。

　　同時他也跟充滿肌肉的性感外型說再見。卡爾做出雙重決定而且貫徹到底，有如執念一般：再也不露出大片古銅色肌膚。他的外套「變得非常合身，寬肩窄腰，靈感直接來自奧斯卡‧史萊莫（Oskar Schlemmer），長褲筆挺無比，鞋子

總是擦得閃亮。任何細節都不疏忽，全都經過精心打點。這並不是變裝，也不是什麼隨便的『角色扮演』。這是真正的概念，同時對於外表的熱愛於焉誕生，連最微小的細節都挑剔講究，才得以成就展現信念的造型。絕對不放縱隨便，一如卡爾拉格斐的信條，日日夜夜，時時刻刻，都要維持最佳狀態與完美外表。」[2]帕特里克‧烏卡德分析。

此外，還必須加上硬挺的高領白襯衫，賈克也這麼穿。當成領帶繫的絲巾，單邊眼鏡，留起一把精心修剪的黑鬍子，為整體裝扮更增添儀態。「卡爾認為自己看起來太溫和，他確實很溫柔，但他不想表現出來，因此刻意強調嚴苛的一面。」[3]文森‧達瑞這麼說。拉格斐選擇了德國男爵般的外型風采。「對他而言，那是日耳曼文化的頂點，先是哈布斯堡王朝、奧匈帝國、路德維希二世……然後是威瑪共和國，以及所有和社會脈動連結的藝術運動。腐敗、黑幫、金錢，這些都令他深深著迷。」[4]譚‧吉迪切利特別提起。

卡爾在兩位重要的德國人物身上找到優雅洗練的痕跡，

那是他心目中的終極價值。「我的母親總是說：『聽好了，哈瑞・凱斯勒（Harry Kessler）和瓦爾特・拉特瑙（Walther Rathenau）這兩個人我覺得很不錯，其他都是垃圾。』」[5] 拉格斐硬挺的高領子不單單代表上流社會的外交官和被暗殺的威瑪共和國閣員的完美儀態，更代表一個失落不再的世界，極致的美，即使這種美令人盲目。

同時間，他仍持續進行裝飾藝術收藏。專精裝飾藝術時期的古董賣家雀絲卡・伐洛瓦回憶這個來去匆匆的男子，每週都會到店裡好幾次，而且總是在下班後、雀斯卡準備關店時前來：「他就這樣走進店裡，微笑著東逛西看。他什麼都看，對任何事物都提出見解，學得也很快。他擁有服裝設計師的好眼力，快、狠、準，立刻就能看出物件的特質與重要性。他總選擇頂尖設計師的作品。卡爾的室內天地非常遼闊。」[6] 他細看分析後，便毫不猶豫地下手購買最能代表他的品味、有如圖騰般令他心所嚮往的意象更加完整的家具。

1973 年 7 月，他接受德國電視臺的採訪，跟拍他的日

常作息。

　　電視臺拍攝工作中的他，以及倚著巴黎公寓窗邊的他。[7] 他身穿褐色絲絨外套，大大的翼型領和白色口袋巾，搭配橘色絲巾。這些罕見的影像中，可以看見賈克在他身旁。他比卡爾略高，打扮方式幾乎一模一樣。兩個男人漫步在這個和諧世界裡，當時法國因為石油危機而面臨的內憂外患遠在千里之外。兩個浮沉子嵌在遙遠的布置裡，絲毫不為所動。只差一陣薄霧，幻象就臻至完美：卡爾重建了戰間期的德國，那個他母親灌輸他的理想化的印象。

　　「戰後很長一段時間裡，」卡爾後來解釋：「我感覺自己太晚出生了，錯過之前的生活。」[8] 或許這正是他向母親婚前，在她被丈夫扔在德國的窮鄉僻壤之前，在納粹取得大權之前，那些最美好的燦爛時光致敬的方式。

　　對於現在一身「大帝」造型的他，這精準的解讀實在太過感性。

　　這段時期，他為 Chloé 設計的洋裝靈感也受該時代啟

發，這個復興世界的美麗與纖細征服了時尚撰稿人，令人陶醉。「卡爾開啟了對整體風格的視野。也就是說：我就是造型，我為我的住處建構造型，我影響生活美學的準則，我以這身造型啟發其他人。」[9]帕特里克‧烏卡德概述。他的夢想伸手可及。「他為自己創造了一個電影般的角色，被好萊塢的神祕感層層裹起。每當他踏進花神咖啡館，所有的人都會被有如瑪琳‧黛德麗（Marlene Dietrich）電影中一擲千金的男人唬住。」[10]文森‧達瑞形容。可想而知，他的舉止在小小的時尚圈中招來某些嫉妒，譚‧吉迪切利憶道：「有些人開始叫他『大帝』（Kaiser）的時候，我和朋友則叫他『帕依娃』（La Païva），取自俾斯麥情婦的名字，她是德意志第二帝國的知名交際花，俾斯麥甚至為她建了一棟私人公寓，連洗手盆都是黃金打造的。她會穿著一身紫色到香榭麗舍大道，狗是紫色的，敞蓬馬車是紫色的，連拉車的馬匹都染成紫色……卡爾口吻浮誇，一天到晚談的都是哈布斯堡王朝，他只是在裝模作樣。」[11]卡爾並不會從頭到腳打扮

成紫色，不過，他的整體造型確實貫徹某種一致的概念，以及一個遠離野蠻，介於詩人筆下的德國與啟蒙時代的法國之間的光明世界。

註

[1] 《Un jour, un destin: Karl Lagerfeld: être et paraître》，出處如前述。

[2]~[4] 出自與本書作者的對談。

[5]Élisabeth Lazaroo，〈Fendi et Karl fêtent leurs noces d'or〉，《Paris Match》，2015 年 7 月 8 日。

[6] 出自與本書作者的對談。

[7] 《Treffpunkte Lagerfeld》，SWR 電視臺，1973 年 7 月 17 日。

[8]Bayon，《Karl Lagerfeld, entre les lignes de Keyserling》，出處如前述。

[9]~[11] 出自與本書作者的對談。

逃離鬼魂

　　賈克和艾莉莎貝特在某件事上有共識，那就是：雖然大學街公寓布置得美輪美奐，但是最好還是盡快搬家。拉格斐女士很確定自己看見鬼了。卡爾並沒有看見鬼魂，不過他也聽見一些動靜。他發現這棟公寓某個部分受了詛咒：十八世紀時，這棟房子裡曾發生過一樁謀殺案，從此當然很可能有幽魂出沒。但是要他放棄這個溫柔的夢境，這幾年無憂無慮的歲月？一對二，最後他只能少數服從多數。

　　在德國的電視畫面上 [1]，卡爾快步經過聖旭爾比斯廣場（place de Saint-Sulpice）俯臥於噴泉上的獅子。

　　1973 年的初夏，氣溫涼爽。他整了整格子圍巾，身上披著淺灰大衣，一條顏色較深的腰帶束起腰身。他抬眼望向對面街角的建築，心中應該正在想著，從這棟公寓陽臺，母

親和賈克閒暇時都能眺望聖旭爾比斯教堂的左翼。此處似乎很適合構築新的夢幻境地。

在廣場的六號藍色大門前，他摘下米色帽子。二樓的公寓天花板挑高，他在仍空無一物的室內走了一圈。牆上的壁紙被撕下來，地上散布著木板、掃把和好幾袋瓦礫。工人正在刨一扇門。卡爾很喜歡計劃和工程，喜歡事物正在建構茁壯的念頭。他一邊沉思，用兩根手指順一順鬍子，或許正在想像中勾勒他的新天地。他心中對這個地方必定已有鮮明的樣貌：另一種好萊塢風情，但依舊是三〇年代風格。四根柱子，沿著窗邊流瀉而下的窗簾，花瓶、白綢緞座椅、中間放一張大桌子……他的臥室要在轉角處。當然也會有專門放置藏書的房間。

註

(1)Treffpunkte Lagerfeld，SWR，1973 年 7 月 17 日。

純潔與敗德

　　越過塞納河後，賈克常常會停下腳步，望向遠方。夜晚的巴黎搖身成為另一個城市，樣貌與白天截然不同，其歷史以更加神祕莫測的方式鋪展開來。他朝皇家宮殿（Palais Royal）走去。法國大革命前，這座建築是權力僅次於法國國王的奧爾良公爵的住處。他住在二樓，距離法蘭西喜劇院（Comédie-Française）僅有幾步之遙，樓下就是綿延的拱廊，巴黎的歡場女子主要都聚集在此處。十八世紀曾有《皇家宮殿女孩的價碼》（*Tarifs des filles du Palais-Royal*）與其他「遊樂指南」之類的出版品，會一一列出女孩們的專長特色，形容其姿色等。

　　在沿著廊柱林立的長方形廊道，人們會玩幾場法律禁止的小賭局，狄德羅、伏爾泰、達朗貝爾（d'Alembert）等人

流連的咖啡館……光明之城最菁英的人物沿著廊道排開。

這天晚上，庭園非常安靜。賈克抬頭望向珂蕾特（Colette）晚年居住的公寓。他知道卡爾喜歡珂蕾特簡單俐落的風格。他和卡爾有約。

他走向聖安妮街（rue Sainte-Anne）。這條街的 63 號，在第一次世界大戰期間是聖安妮浴場（Bains Sainte-Anne），專門接待獲得許可的士兵和酗醉的中產階級。七〇年代，同性戀精英在這裡成立他們的夜生活區域。風俗警察和情報單位睜一隻眼閉一隻眼。服裝設計師、藝術家、作家、富家子弟在這條街上的柯洛尼（Colony）或布朗克斯（Bronx）夜夜笙歌。

他來到「七號」（Le Sept），一棟奧斯曼式建築的象牙白外牆上嵌著一扇黑門。門後是當年的聖地，由夜店之王法布里斯・艾邁爾（Fabrice Emaer）經營。

「七號因為空間不大，只有藝術界和地下文化圈的佼佼者才進得來。成群時尚界的人全都被吸引前來。一定要有通

關密語才能進入，雖然這裡以同性戀為主，但是也會讓漂亮女孩進入。」[1] 其中一位女孩菲特麗珂・洛卡（Frédérique Lorca）說道，她曾是香奈兒的試衣模特兒。在這裡會撞見米克・傑格（Mick Jagger）、伊吉・帕普（Iggy Pop）或是知名諧星迪耶利・樂路宏（Thierry Le Luron）。活躍於夜生活的菲特麗珂接著說：「導演海納・威納・法斯賓德（Rainer Werner Fassbinder）和他那一幫壞男孩也會出現在這裡。也常常可以見到知名主播伊夫・穆路希（Yves Mourousi）或時尚圈那一小群it girls，像是派特・克莉芙蘭和唐娜・喬丹。」[2]

這扇門如變魔術般在賈克眼前開啟。他與卡爾會合一起吃晚餐。餐廳就是展現自己的地方。「一開始總是有點尷尬不自在。但是到了上甜點或咖啡之前，所有的人都已經打成一片。那裡也有香檳。有香檳，大家就放鬆了！香檳最棒了，可以拉近彼此的距離，打開話匣子。」[3] 常客珍妮・貝樂（Jenny Bel'Air）回憶道。隔壁桌是伊夫・聖羅蘭和皮耶・貝爾傑那幫人出現了。他們後面則是高田賢三那群。每個人

都遠遠地觀察彼此。卡爾會做筆記，發想靈感。賈克到處搭訕、大聲談天說笑。他穿著從賢三朋友那裡搶來的皮外套。他用鉚釘在皮衣上拼出一顆心以及巴雪家的家訓：「我道即王道」（Ma foy mon roy）。

醉意蔓延至全身，腦袋也神智不清，酒精戰勝了賈克，卻不敵始終保持清醒的卡爾。一道階梯深入地下，通往你的天堂，他的地獄。「螺旋樓梯又窄又小，」菲特麗珂・洛卡回憶：「大家必須貼在牆上才能讓別人經過。然後抵達地下室，那裡空間小得不得了，但是妝點得非常摩登，四面八方鑲滿鏡子，增加空間的深度。吧臺在房間的最裡面，全部的人都擠成一團，緊貼著彼此。」[4]

當年的巴黎，或許沒有哪裡比這間地下室更浪漫頹廢了。走道兩側都是座椅，上百人隨著迪斯可的節奏擺動，形成一陣潮濕、喘息、機械般的壅塞。香菸的煙霧沒入紫色、綠色和粉紅色霓虹燈，在拱頂天花板盤繞迴旋。賈克不見蹤影。但是大家都以為卡爾很清楚他的夥伴在哪裡，在做什

麼。

「賈克‧巴雪不只是從《追憶似水年華》中走出的人物，打扮不太莊重，穿著窄版西裝、背心，拿著籐製手杖，就像他在七○年代初期照片上那樣。」[5] 克里斯提安‧杜梅－樂沃斯基描述。他的打扮有不同面貌，天亮時就開始準備打點外表。他臭名遠播。「人們對他議論紛紛，有些人說的是好話，不過有些人則尖酸刻薄，甚至說得很難聽。」杜梅－樂沃斯基繼續說道：「大家暱稱他為『廉價賈克』（Jacques de pas cher de bon marché）、『帥哥奧特羅』（le bel Otero）或是『高級男』（le grand horizontal），就是一些暗示他是男妓的字眼，但又不明說。」[6] 賈克喝酒、嗑藥，情人換不停，不斷追求更強烈的激情。「他是個情場高手，他對所有事物的態度就是認識、品嘗，然後用過即丟。」他的弟弟札維耶下結論：「不過他的行為並非自殺式的，他很清楚自己的極限，從來不會跨過界線。」[7] 他既不是天使，也不是惡魔。賈克就像卡爾，擁有多重面貌，他會選擇想要展現的面貌示

人。「有些圈子很難打進去，他卻能跟他們混得很熟。」克里斯提安‧杜梅－樂沃斯基說：「不過他好像有某種防護罩。我幾乎沒見過他身邊的其他人。」[8] 總而言之，他在夜晚的面貌也一樣顛倒眾生。

「這個人呐！」[9] 文森‧達瑞嘆道：「當時我還很年輕，常常在同志夜店遇到他。他優雅逼人，身邊的人也有點像他，都是很時髦的同性戀，穿著煙裝，打扮是三〇年代或有點奧地利風格。但是我總是避開他，他讓我怕怕的。」[10]

他的名聲和不祥的光芒籠罩著身旁伴侶，但是卡爾卻很喜歡，視他為「擁有嘉寶（Garbo）臉龐的魔性男子……他是最讓我感興趣的人，和我完全相反。但是他也令人無法忍受。他太完美了，招來恐怖的嫉妒。」[11]

卡爾尋覓另一個自己。大家都認為他找到了他的極端，簡而言之，就是他的理想型態。

在七號夜店，賈克認識了荻安‧波沃－珂容（Diane de Beauvau-Craon），不顧一切試圖掙脫嚴謹教養的年輕女孩。

「年輕時的我，舉止和面貌與我的良好身家背景完全是兩回事。」她坦承：「我非常特立獨行。這種引人側目又帶挑釁意味的部分很吸引賈克。」[12] 他們之前就在花神咖啡館打過幾次照面，然而這次才算真正認識彼此。「賈克常說，以後他要娶一個頭銜和社經地位都在《上流社會名冊》中、配得上他的年輕女孩。那正是荻安[13]，既是公主也是玻利維亞商人兼藝術收藏家安提諾‧帕提諾（Anténor Patino）的孫女。」[14] 克里斯提安‧杜梅－樂沃斯基這麼說。

在這段幻想的婚姻化為真實之前，年輕的賈克和荻安在夜晚盡情享樂。「當時我們活在毒品、性愛、酒精的漩渦裡。」荻安回憶：「賈克是很極端的人，對人生充滿實驗態度。他鍾情危險，熱愛夜生活的體驗。在那個年代是可以這麼做的，百無禁忌，令人難以抗拒。我們活得無憂無慮。」[15]

卡爾想要的話，只能從七號的樓梯上觀察有如飛蛾撲火的賈克。因為卡爾鮮少到下面和狂歡動物們混在一起。無論如何，他看起來一點也不擔心賈克。「有時候我搞不懂他們

的關係。」高田賢三說：「賈克太自由了，他常常出去，到處都有男朋友。我心想：『卡爾也太放任他了吧。』」[16]

卡爾放縱賈克縱情聲色。卡爾自己則顯得文靜多了，他心中的惡魔很久以前便被徹底馴服，這些年的瘋狂對他毫無影響。「我就像透過一扇窗觀看，經歷這一切。我很佩服有自我毀滅傾向的人，但是我自己，自我保護的本能超越一切慾望。我從不抽菸，從不喝酒，也從不碰毒品。」[17]

夜晚的巴黎騷動不安之際，卡爾寧願忠於文靜的閱讀和畫畫，因為這才是他最熱烈的活動。

有時候大約正午，聖旭爾比斯教堂的鐘聲在冬日早晨的冷冽空氣中響起，賈克才姍姍回到公寓，隨口說一句「Mein Kaiser」。意思是「我的大帝」——全世界只有他能這樣叫卡爾，能諷刺一個不願表現出任何弱點的人物。他在所有人之前，刺穿了設計師拉格斐的盔甲，後者當然無法忽視。至於卡爾，則為賈克取了一個綽號。「卡爾總是叫他『夾克』（Jako）……」荻安·波沃－珂容笑道：「一切都很好的時候，

卡爾叫他『夾克』；要是他玩得太過火，卡爾就會叫他『賈克』。」[18]

艾莉莎貝特總是躺在房間裡的長椅上閱讀，賈克則凝視著落地窗外的大教堂一角。初抵巴黎時，他夢想能夠住在這塊聖地附近，于斯曼的《彼方》──他最愛的小說──場景就在此處。

小說的一部分是描寫敲鐘人的家，位在兩座怪異地不對稱的方形高塔之一，占據了一整層樓。兩位主人公和接待他們的主人在晚餐時會面，討論巴黎最有錢的人參加的黑彌撒，以及在首都上空盤旋的惡魔。賈克將這本小說放在口袋裡。有時候他會小心翼翼地翻開，有如書中藏著凶險禍害，然後翻閱這些百讀不厭、彷彿現在僅是他的人生寫照的字句。

「他的腦海中仍留著那些驚恐駭人的畫面，肉體牽著靈魂走的同時卻又努力抗拒誘惑……就像前一天喝酒過量的人，隔天心想，再也不要飲酒了，同樣的，那天他心中只想

著無關床笫的、純潔的感情。」[19] 想像力開始蔓延：「焚香飄散開來，越過陰暗的小巷和拱頂，最後到達管風琴。」幾乎可以想像杜爾塔離開黑彌撒，來到教堂尋求庇護，冀望在最古老的玻璃花窗下找到一絲信仰。

賈克也是在最幽暗的黑夜裡尋找亮光。在卡爾拉格斐身上，他找到保護者的形象。「卡爾試著保護賈克，讓他免受自身裡外不時覺醒的惡魔侵擾。」荻安・波沃－珂容解釋：「能夠有這麼一個人這樣愛著你，從不那麼輕鬆容易或美好的情況中拯救你，那是多麼令人羨慕啊！」[20]

對賈克而言，夜晚常常太短暫。然後他轉往書桌，其他影像、聲響、氣味全都回到腦袋裡。裸體、霓虹燈、繚繞的香菸煙霧……賈克太熟悉這套例行公事。他在卡爾對面坐下，報告前一晚他的夥伴何時拋下他，一五一十地告訴卡爾。描述狂喜失神的面孔，溫熱的汗水、劇烈的高潮。

聖安妮街各處被賈克攻略的酒吧和「backroom」，對卡爾而言，已不再有任何祕密。他知道誰在哪裡、做了什麼。

據荻安所言，「他非常享受賈克告訴他的一切，而且很大一部分是他默許的。」[21]、「所有他不允許自己過的生活。這是一種交換。賈克永遠不會過卡爾的生活，卡爾也絕不可能過賈克的生活。」[22] 按照托瑪・巴雪的說法：「賈克讓卡爾得以透過他，感受他絕對不允許自己擁有的經歷和放縱。」[23] 賈克肆無忌憚的「豐功偉業」似乎也是一種挑釁。

天氣正晴朗，剛過正午，宛如七〇年代的多利安・格雷的年輕賈克，神色自若地剛從放浪無度的夜晚歸來。他的桀驁、從容的自由，就像醉人的香氣圍繞著他。然而與奧斯卡・王爾德的小說，以及門采爾的畫像不同的是，正在房間某處酣睡的他，面容絲毫不顯憔悴。

一如卡爾的伴侶，畫中的國王、哲學家與賓客們的臉龐是那麼年輕俊美。至少目前仍是如此。

(2)-(10) 出自與本書作者的對談。

(11)Sylbia Jorif 和 Marion Ruggieri，〈L'homme sans passé〉，《Elle》，2008 年 9 月 22 日。

(12) 出自與本書作者的對談。

(13)Alicia Drake，《Beautiful People》，出處如前述。

(14)-(16) 出自與本書作者的對談。

(17)Élisabeth Lazaroo，〈Fendi et Karl fêtent leurs noces d'or〉，出處如前述。

(18) 《Un jour, un destin: Karl Lagerfeld: être et paraître》，出處如前述。

(19)Joris-Karl Huysmans，《Là-bas》，Gallimard 出版，經典文學系列，1985 年。

(20) 出自與本書作者的對談。

(21) 《Un jour, un destin: Karl Lagerfeld: être et paraître》，出處如前述。

(22)-(23) 出自與本書作者的對談。

危險關係

　　在七號，夜晚似乎永不間斷，而且總是一樣。餐廳、笑語、香檳、舞池。不過某件大事即將打破一成不變的醉人狂歡。高田賢三距離幾張桌子，一如往常地在這裡吃晚餐，他還記得：「突然間，出現一陣騷動。皮耶‧貝爾傑和卡爾……七號的人全都因為目睹他們的爭吵而感到詫異！」[1] 即使七號的客群形形色色，不過來者都是舉止有禮友善的人。「大家都嚇壞了。」[2] 高田賢三說。現場情形可想而知。起先是簡短的對話，然後音量愈來愈高，爭吵的聲音迴盪在整間餐廳裡。

　　吵架的原因是感情事件，某人勾搭上不該招惹的人，介入另一段關係。荻安‧波沃－珂容回憶：「我用比較通俗的方式，三十秒講完這件事：兩個男的相遇、彼此看對眼、互

有好感，然後想要發展更多。但是天不從人願，這個男的一個叫聖羅蘭，另一個叫賈克・巴雪。」[3]她繼續說：「我認為他們之間真的有些小火花。當年，每分鐘都可以天雷勾動地火幾百萬次。但如果皮耶・貝爾傑沒有插手的話，風波也不至於這麼大。把這件事鬧大的人絕對不是卡爾。」[4]

七號就是賈克・巴雪和伊夫・聖羅蘭展開關係的地方。幾乎每一晚，他倆都隔著兩張、三張、四張餐桌的距離吃晚餐。伊夫身邊有皮耶・貝爾傑；賈克身邊則是卡爾。

1973年底，兩個男人的眼神越過一張張餐桌，終於大膽地交會。

他們互有好感，是彼此的地下情人。肉體關係轉為戀愛關係。伊夫為賈克瘋狂、為他傾倒。另一方面，賈克的情感卻沒有這麼強烈。

那麼，在「火花」之外，賈克要什麼？依荻安所見，「賈克就是愛挑釁。或許他想要刺激或是逗弄卡爾吧？在任何一段正常的伴侶關係中，背著自己的愛人偷吃，多少都是為了

惹惱對方，否則根本沒有意義。」[5]

賈克·巴雪和伊夫·聖羅蘭之間的純愛令皮耶·貝爾傑大發雷霆。但是「卡爾始終愛著賈克，無論他做了什麼，」[6]荻安很肯定：「而且賈克也一直愛著卡爾。這件無聊事一度危及他們的關係，因為媒體抓著這件事大肆渲染。不過，一段時間之後，卡爾就完全不在意了。」[7]

無論如何，賈克從未大鬧分手，而這場荒謬醜聞彷彿從未發生。

然而，伊夫·聖羅蘭卻耽溺在磨人愛情的痛苦中，被一段不可能有結果的戀情困住。晚上他就到外面喝酒，繼續嗑藥。他不再睡覺，也不再工作。某個夜晚，他開車到聖旭爾比斯廣場。賈克的窗戶開著，伊夫便在樓下徘徊，在愛人的窗戶下大吼大叫。夜間鬧事驚動了附近的警察，員警帶走聖羅蘭。皮耶·貝爾傑不得不在半夜去接回好不容易才迷迷糊糊稍微酒醒的伴侶。

為什麼那天晚上在七號，皮耶·貝爾傑不是怪罪賈克，

而是把氣出在卡爾身上？他認為賈克・巴雪的魔性吞沒了伊夫的才華，這個念頭在他看來不僅可悲，而且也罪不可赦，甚至是驚險的危機。因為他大可想像這段韻事是來摧毀伊夫・聖羅蘭品牌的。

兩個男人在巴黎最熱門的夜之殿堂對決，或許是因為卡爾拉格斐的名氣愈來愈響亮——因為他對服裝產業的想法，因為受僱於品牌，因為他可以隨意選擇喜歡的案子，還有因為他的工作能力。相較之下，皮耶・貝爾傑見識到卡爾的能力，能夠左右七〇年代的時尚界。

如果卡爾有敵人，那個敵人不會是伊夫，而是伊夫的伴侶，皮耶只要抓到機會，就會對想聽八卦的人說賈克的壞話。然而在七號的爭吵，卻令這對已經失和的昔日好友最後一絲的舊情完全破局。當年他們和薇克朵亞與安－瑪麗坐著卡爾的敞蓬車在巴黎四處兜風，在男孩堆中打滾，最後回到杜爾儂街的公寓結束一夜，這樣的日子已經不再。荻安說：「他們各自被自己創造的天地攫住，這件事只是壓垮駱駝的

最後一根稻草。」[8]

決裂自然是無可避免，然而真正的戰爭卻發生在卡爾和皮耶之間。據荻安所說，「卡爾非常在意皮耶把事情弄得這麼難看，尤其是對賈克傷害這麼深。」[9] 托瑪·巴雪說：「皮耶·貝爾傑跑到聖旭爾比斯廣場對賈克人身威脅。」[10] 關於這點，皮耶矢口否認：「我從來沒有去見賈克·巴雪。不了解我的人才會相信。我最大的缺點，或許也是我最大的優點，就是我的疑心病太重。」[11]

無論如何，某個時候起，伊夫·聖羅蘭再也不和賈克見面，也不再和他通電話。賈克則幾乎足不出戶。托瑪·巴雪證實這點：賈克變得疑神疑鬼，害怕哪天會有子彈射穿家中窗戶，因此扯光了牆上的壁紙。

註

(1)《Un jour, un destin: Karl Lagerfeld: être et paraître》，出處如前述。
(2) 出自與本書作者的對談。
(3)《Un jour, un destin: Karl Lagerfeld: être et paraître》，出處如前述。
(4)~(5) 出自與本書作者的對談。
(6)《Un jour, un destin: Karl Lagerfeld: être et paraître》，出處如前述。
(7) 出自與本書作者的對談。
(8)《Un jour, un destin: Karl Lagerfeld: être et paraître》，出處如前述。
(9)~(10) 出自與本書作者的對談。
(11)〈Yves Saint Laurent-Karl Lagerfeld: une guerre en dentelles〉，Annick Cojean dirigé，Stephan Kopecky 執導，《Et la suite…!》製作，France 5 電視臺，2015 年。

領主

　　卡爾拉格斐鍾情那些「被世人遺忘」（他不稱之為「冷僻」）的書。在他幾棟房子之間流通的書中，除了聖西蒙公爵（Saint-Simon）的《回憶錄》（*Mémoire*）和吳爾芙（Virginia Woolf）的書信集，還有凱薩琳・曼斯菲爾德的堂姐，以伊莉莎白・馮・亞寧（Elizabeth von Arnim）為筆名（本名 Marie Annette Beauchamp）的《伊莉莎白與她的德國庭園》（*Elizabeth And Her German Garden*）。這位英語系女作家跟隨普魯士丈夫——漢寧・奧古斯特・馮・亞寧－史拉根汀（Henning August von Arnim-Schlagenthin）——搬到波美拉尼亞（Pomeranie），即使德國北方的氣候條件嚴苛，她仍決定耕耘英式庭園藝術。在她的第一本書裡，她敘述了打理庭園的過程，並於 1898 年以匿名形式發行這本類似日記的著

作。書中內容大多是記錄花卉的狀態，然而卻大受歡迎。

伊莉莎白・馮・亞寧和卡爾的母親同名。她寫道：「這裡遠離一切世俗煩囂，想要造訪我們的人，必須有不尋常的精力才能抵達此處。」[1] 大約十五年間，卡爾拉格斐也以自己的方式，遠離巴黎的塵囂，耕耘自己的田園天堂。

在巴黎北邊約四小時處，這個「靜僻一隅」的故事始於路旁的樹列，在寂靜的布列塔尼土地上展開，彷彿身處魔法森林的邊緣。汽車放慢速度。賈克在巴雪家族的貝里葉城堡（la Berrière）附近散步時，偶然發現此處，他認為自己為卡爾找到了最理想的祕密基地，因此驕傲得不得了。

這座破敗的小城堡共有二十五扇窗戶和四座煙囪，襯著藍天矗立在遠方。城堡的尺寸和風格完全比不上腓特烈二世波茨坦的住所無憂宮，不過與門采爾的畫作是同一個年代建造的。卡爾注意到這座潘赫耶（Penhoët）城堡的三角楣飾上的落成年份：1756 年，正是莫札特的生辰年。跨過庭園左邊的圍欄，在大水池後方，整叢黃楊樹依稀留下一度作為

迷宮的痕跡，很適合在其中遺世獨立地漫步。這個地方散發著魔法般的吸引力，已讓卡爾下定了決心。

1974 年 7 月 9 日，卡爾拉格斐成為一座法國城堡的主人，朝他自孩提時代就不曾放棄的理想世界更進一步，這個里程碑比任何其他卡爾打造的夢想世界都更重要。「卡爾只要達成一個夢想，就會放下它，然後邁向下一個夢想並實現它。」[2] 帕特里克・烏卡德解釋。

這位為《Vogue》撰文的記者擁有建築史學歷。他在花神咖啡館，透過地位極高又造型特異的義大利時尚記者安娜・皮亞吉（Anna Piaggi）牽線認識卡爾。他還記得初次見面的情形：「卡爾當時說，他在布列塔尼剛得到一座小城堡，一點也不像布列塔尼的城堡，反而更像聖傑曼大道上的華美私人公寓。我反駁他：『房子施工之前，您最好先蒐集有關這座房屋年代的營造方式，以及所有木工、油漆、空間和庭園造景的資料。』[3]」這些資料，卡爾交由年輕的烏卡德處理。卡爾已經開始在腦袋中施工，寫下許多筆記和草圖。他

以精確的方式形容想要的樣貌。「他的立體感和空間感非常優秀。」烏卡德詳述：「對他而言，每一平方公尺都有其功能。占據重要的面積，賦予其創造整座房屋布置的意義，而非只是單純加入擺飾和裝潢，這就是卡爾的生活規範。他很喜歡重複：『新房子？在那裡過什麼生活？』他總是回答：『工作啊，接待客人啊，而且一點空間都不會浪費。』」[4]他想像爬上樓梯後，會穿過一道長廊進入一個大房間。為了實用，以及客人方便進出，客廳就要在樓下。

工程開始了，施工項目包括要用炸藥做出水池，重建燒毀的其中一側，整平房屋正面的地面，並重新打造庭園。卡爾的靈感來自啟蒙時代的生活藝術。烏卡德繼續說道：「他想要在這座城堡中重現十八世紀房屋的活潑輕快，十八世紀是他最讚嘆的創造年代。他宣稱：『住屋的舒適和人體工學就是於此時誕生。』」[5]光線規劃是首要考量，主要仰賴鏡子的反射。步下有矮扶手的樓梯，就來到飯廳，然後再度爬上樓梯抵達工作室。這些構思的動線和庭園中美麗的散

步路線並無二致，是「林蔭小徑」的延續——卡爾為這條每隔幾步就有石造長凳的小路取的名字，靈感來自弗拉戈納（Frangonard）。「他喜歡這樣散步，一路往下沿著小溪走，然後和友人從這條隱密的小徑走回城堡。」[6]卡爾熱愛建築，每一個細節都不馬虎。種植橙樹的花盆和凡爾賽宮是一樣的。園藝家米榭・瑞吉德爾（Michel Riguidel）收到嚴格指示：「拉格斐先生想要十八世紀風格的庭園，邊緣鑲著樹林。他很清楚自己要什麼。只要哪裡沒做對，就要重做。」[7]光線透進屋裡，池面映著天空，波光粼粼，與灰色的布列塔尼岩石形成反差。卡爾的想望終於成真，現在可以住進去了。

每個週末，卡爾都會到潘赫耶的城堡，他將此處重新取名為「格蘭尚」（Grand-Champ），取自鄰近村莊之名（Grand Champ）。「格蘭尚」在法文中與「拉格斐」的意思很接近，皆意指「廣大田野」。卡爾既是普魯士國王，也是法國君主，是嚴守傳統的貴族：「德國城堡沒有窗簾，布爾喬亞才裝窗

簾或使用吃魚專用餐具：那是布爾喬亞的觀念，就像他們以為『de』一定表示擁有貴族頭銜。」[8] 烏卡德很清楚對卡爾而言，城堡的外部才是最重要的，城堡的風采。「沒有人會來打擾他。」他說：「卡爾可以在這裡工作，為他的服裝系列畫一大堆設計稿，他很享受……也不會忘了放他最鍾愛的音樂，例如《玫瑰騎士》（*Le Chevalier à la rose*）歌劇，窗戶朝庭園敞開，讓音樂揉和水池的噴泉聲。」[9]

安娜・皮亞吉，卡爾的繆思，就是其中一位有幸受邀、敢於到布列塔尼的領地上一探究竟的客人。

卡爾畫下她各種角度、各種裝扮的姿態，簽下交纏的姓名字母縮寫。這些手稿在他身旁愈積愈多。他稱這段時光為「複合過去式，安娜奇的安那奇（*Passé composé, Annachronique en authentique*）」[10]。

賈克的房間在一座木製樓梯上，位於二樓，在城堡的左邊，卡爾的住所則朝向庭園。從他的窗戶可以望見噴水池、柵欄，只要探出窗子，就能看見他最喜歡下午去散步的樹

林，占地二十六公頃的綠意。他將母親的房間安置在左翼，城堡的另一邊。她很少出門，較喜歡觀察池中悠游的魚兒。

裝飾藝術風格令戰前的德國死而復生，可以想見卡爾也是為了艾莉莎貝特，才一手打造這番田園詩歌般超越時空的新氣象。據烏卡德所說，「住在那裡的時光對卡爾而言強烈又珍貴。這座城堡就像魔法世界。卡爾身邊圍繞著幾個朋友、賈克，以及他的母親，他非常幸福快樂。」[11] 賈克・巴雪逐漸恢復生氣。而對卡爾來說，時間彷彿暫停了。

註

[1]Elizabeth von Arnim，《Elizabeth and Her German Garden》，1899 年，Bartillat 出版，2011 年。

[2]-[7] 出自與本書作者的對談。

[8]Bayon，〈Karl Lagerfeld, entre les lignes de Keyserling〉，出處如前述。

[9] 出自與本書作者的對談。

[10]Anna Piaggi，《Karl Lagerfeld, a Fashion Journal》，Thames and Hudson 出版，1986 年。

[11]《Un jour, un destin: Karl Lagerfeld: être et paraître》，出處如前述。

風暴中的蝴蝶

「多年來，多利安‧格雷始終無法擺脫那本書的影響。」[1]賈克就像王爾德書中的主角，似乎益發沉迷於他倒背如流的于斯曼的《彼方》。他正在一步步實現夢想：追隨魔性主角杜爾德，體驗他的生活。因此卡爾允許他搬進聖旭爾比斯廣場旁空下來的公寓。賈克‧巴雪出於挑釁，為了好玩，也為了顛覆的快感，現在終於可以在距離教堂雙塔幾步之遙處，舉行現代黑彌撒。他舉辦自己的夜晚派對，迅速吸引整個巴黎的政治媒體上流圈。

其中一場派對是「白帽子之夜」，目的是向外籍兵團致敬，同時也是向巴雪的朋友傑洛姆‧佩羅（Jérôme Pelos）──原名是尚－克勞‧普雷（Jean-Claude Poulet）──致敬，他是外籍兵團成員也是男同志軍人，擁

有貴族頭銜，後來成為杜隆（Toulon）的國民聯盟（FN）黨籍市長的左右手。[2]

賈克的哈雷重型機車就停放在公寓中央，後照鏡上的粉紅色古柯鹼堆成一座小山，供人隨心所欲取用。在這裡無須擔心藥物品質，因為賈克總是用最好的貨。另一個房間中央放著一張婦產科內診椅，當然不是做內診之用。「賈克的派對開場常常有點無趣。不過隨著夜色漸深，氣氛也會變得愈來愈奇怪，陰鬱淫亂。」[3] 克里斯提安·杜梅－樂沃斯基坦承。

雖然派對的主題常常變化，不過總有些不變之處。賈克有制服狂熱。除了外籍兵團的制服，他也鍾情德軍制服，尤其高高豎起的領子更讓他嚮往無比。

他經常邀請附近老鴿舍街（rue du Vieux Colombier）消防站的幾位消防員。他或許也會邀請大清早在樓下偶遇的清潔工。這些人在派對上會見到葛蕾絲·瓊斯（Grace Jones）或米克·傑格。賈克喜歡混合各種類型、領域、社經地位，

如此他就有更多鉅細靡遺的故事細節可以講給卡爾聽。

免不了的，賈克經歷並一手導演自己的沉淪，緩慢地墮落。不過他知道有一雙眼睛看照著他。據托瑪‧巴雪所說，「卡爾觀察賈克的方式，彷彿他是一隻風暴中的蝴蝶。」[4]卡爾也承認自己窺視的癖好：「我喜歡以羅斯坦（Jean Rostand）對待昆蟲方式和人們接觸──觀察他們。」[5]卡爾雖然如自己所言是個觀察者，但絕對不是教唆者。事實上，根本無需教唆，只要萬事俱備就夠了。例如 1977 年 10月 24 日的那場派對。

一小群人正在「藍手」（La Main bleu）前等待，這家非洲－安地列斯風格的夜店位在蒙特勒伊（Montreuil），是同樣高檔的夜生活去處，進不了「皇宮」（La Palace）的人都聚集到此。文森‧達瑞對這家夜店的前衛風格仍記憶猶新：「那是菲利普‧史塔克（Philippe Stark）的第一件作品，就在超市下方，室內是占地遼闊的倉庫。門口站著兩個凶神惡煞的傢伙，從那裡進入，步下一片漆黑的樓梯，扶手是螢

光紅色。」[6] 時尚圈、演藝圈和記者都都來這裡。受到邀請的人絕對是參與了年度最大的夜生活盛事。「『黑色暫停死刑』（Moratoire noire）是賈克和札維耶・卡斯戴亞（Xavier de Castella）以在紐約的經歷為靈感而發想的派對。絕對是首度聚集數百人的派對之一。」[7] 克里斯提安・杜梅－樂沃斯基詳細敘述。發送至巴黎上流圈的邀請函上特別以引號註明：「需著哀傷感的服裝」。言下之意，就是必須穿黑色，有皮革元素。時尚界為了這場盛會卯足全勁，花費數小時打扮。

「有卡爾、賈克、札維耶，以及有趣的人們在，保證瘋狂又刺激好玩，雖然很極端，但是卻非常高雅。」[8] 菲特麗珂・洛卡回憶，她在家中和七位好友會合後一起出發。「我們當然全身上下都是黑色，不過可是努力翻出穆斯林絲巾、有點性感但不致太超過的彈性合身小洋裝，還有黑色皮帽。」[9] 這場派對是賈克為卡爾拉格斐特別籌辦的，不過當然是卡爾買單。走下巨大的樓梯，水泥夜店裡擠滿人潮，巴

黎從未出現如此盛況，而且派對才剛剛開始。「想像一下，上千人從頭到腳都是黑色，頂著怪異妝容和服裝，氣氛極度肉慾，沉悶且一觸即發，大家身上都帶著虐戀的情趣用品，身穿乳膠裝，戴著面具或束縛面罩，手裡拿著鞭子。」[10]克里斯提安‧杜梅－樂沃斯基回憶。文森‧達瑞當時也在場：「有些人穿著黑色蕾絲扮成德古拉，有些人穿皮革，有些扮成納粹。在龐克年代，那些都見怪不怪。……那不是講究道德的年代，也還沒有政治正確。」[11]夜生活女王愛德薇‧貝爾摩（Edwige Belmore）戴著網紗眼罩。賈克自己打扮成劍客，一身白色。他是在裝無辜嗎？在滑落的吊帶下，他穿著印有自己名字的T恤；一頭短髮梳成大旁分，少許鬍渣，酒瓶不離手。卡爾姍姍來遲，有如狡詐的天使：黑色襯衫，立領有如護頸，黑色墨鏡，大翻折長靴，披著一頭長髮。派對終於可以開始了。

藍色雷射燈光照亮活生生的詭異畫像。一位知名記者穿著紗裙跳「垂死的天鵝」，一旁有人正在鬥劍。文森‧達瑞

感覺到某些氣息：「午夜過後，大概一點左右，開始可以見到有人在撞球臺上做奇怪的事……我心想，該離開了。」

然後，時尚圈的人們半好奇半震驚地在小舞臺上目睹了一場拳交。

高田賢三感到很不自在：「那場派對並不愉快……沒有提供飲料，必須自己想辦法……而且太 hard 了。皮革、全黑，我覺得很討厭，很快就離開了。」有些男人裸著上身，有些人則脫掉褲子。肉體隨著音樂搖擺扭動，人們互吻、愛撫。毒品、性愛、酒精都是通往歡愉和美的陰暗前戲。那天晚上對許多人而言，偉大的派對舉辦人賈克·巴雪展現了究極貴公子的另一面，全然頹廢，墮落的天使。克里斯提安·杜梅－樂沃斯基認為「賈克不由自主地受到社會底層吸引」[12]。

卡爾這時也避開了舞池。一如往常，他只喝了幾杯可口可樂，直接上樓了。如果他回到樓下，就會撞見成堆活色生香的肉體，在他買單的派對上隨著賈克的節奏交纏扭動。

才一眨眼的時間，卡爾就已經遠遠離開淫窟。他僅帶著

寥寥幾個轉化昇華的畫面，或許會用在日後的設計系列。吃了幾根沾芥末醬的香腸，破例喝了一杯貝里耶的白酒後，他可以繼續畫畫了。

破曉時，一群驚慌的時尚人士從地底夜店湧出。「一大堆打扮怪裡怪氣的人，妝都花了……想必附近居民都嚇了一大跳吧。」[13] 菲特麗珂·洛卡打趣地說。幾個小時後，這場酒池肉林的派對就出現在媒體上。「卡爾愛死這件事了，因為引起軒然大波，而且或許也因為他們倆展現了恐怖與怪異的終極形式。」[14] 文森·達瑞分析道。

即便瀰漫著邪惡氣息，這場派對卻讓一對伴侶在風暴後找回平衡點。也再度認證了誰才是七〇年代與時尚界的真正夜之帝王，更使得這個男子益發神祕，同時光環也不斷變大。

在空蕩蕩的公寓中，賈克或許會回想起一段句子。「他素有特立獨行的名聲，其穿著舉止更令名聲錦上添花──白絲絨西裝、內搭金絲線刺繡背心，襯衫領口插著一把帕瑪紫

羅蘭取代領帶，常邀請文人參加熱鬧的晚餐宴會，其中一場晚宴是十八世紀風格，只因為他經歷了一件微不足道的倒楣小事，於是就發起了這麼一場哀悼餐會。」[15]

註

[1] Oscar Wilde，《Le Portrait de Dorian Gray》，出處如前述。

[2] Michel Henry，〈Les jours et les nuits de Poulet-Dacharnay〉，《Libération》，1995 年 8 月 31 日。

[3]-[4] 出自與本書作者的對談。

[5] Marianne Mairesse，〈Le petit monde de Karl Lagerfeld〉，《Marie-Claire》，出處如前述。

[6]-[14] 出自與本書作者的對談。

[15] Joris-Karl Huysmans，《À rebours》，Gallimard 出版，經典文學系列，1977 年。

暮色

　　卡爾是在日常的瑣碎對話中，順口向身邊親近友人提及艾莉莎貝特的死——1978 年 9 月她於大田野城堡過世。卡爾談論這件事時語氣並不沉重。「我的母親享壽八十三歲，身體健康，不過，她過世是自己的錯。醫生早就跟她說要多走路，但她沒有照做。就這樣。」[1] 他日後說道。「就這樣。走走走，沒什麼好看的。」他自己也什麼都沒看到。「卡爾當時人不在城堡，正在巴黎工作。他母親過世得很突然。」[2] 帕特里克・烏卡德解釋。

　　家風嚴謹，連過世都不要留痕跡。因此卡爾沒有回到城堡，至少不是即刻動身。他的母親沒有通知父親的死，因為她不希望兒子看見父親遺容。他並不是輕輕翻過人生中的一頁，而是又撕去重要的一頁。「他有辦法立刻抹去過

往，以免成為自己的負擔。」[3] 艾維・雷傑。如果他繼續工作，不改變行程，不表現一絲哀傷，母親的死是否就顯得沒那麼嚴重？烏卡德認為，「她的死想必是一大打擊，造化弄人。這位女性在卡爾的人生中總是鞭策他向前走，對他如此重要的人就這樣走了。卡爾表現冷靜，絕口不提此事。」[4] 艾莉莎貝特的過世是卡爾人生中的轉捩點，因為到此刻為止，他過往的人生無時無刻不受到母親嚴厲言語的引導，努力符合母親的期待，盡一切所能讓母親開心。

莊園的柵欄緊閉，風吹過庭園的樹木，池中的水沒有動靜，迷宮覆滿落葉。幾道清冷的陽光掠過灰色外牆。空無一人的室內，圖畫散落一地，彷彿無主之地。照片也是……艾莉莎貝特房間不遠處放著她的骨灰。卡爾在巴黎宣布，骨灰將會撒在城堡庭園裡。不過現在骨灰靜靜等待，有如在時光中凝結。

事實上，一切就像什麼都沒發生過。城堡如今成為被遺忘的世界；卡爾在他處繼續美的志願。因此，他在巴黎距

離大學街之前的公寓不遠處，租下一棟大得驚人的私人公寓。斯瓦庫公寓（hôtel de Soyecourt）落成於十八世紀初，由拉許宏斯（Lassurance，本名 Jean Cailleteau）建造。十九世紀時被來自科西嘉島的波佐‧迪博哥公爵（duc Pozzo di Borgo）買下。

這棟建築比大田野城堡更寬敞氣派，「我想這就是卡爾喜歡這棟公寓的原因：能夠在巴黎找到完全符合他的喜好與想像的建築。」[5] 歷史學家貝特隆‧維尼歐（Bertrand du Vignaud）分析。

有了外殼，現在輪到內部了。卡爾賣掉所有新藝術時期的收藏。他有了全新的嗜好，如果這份嗜好本身不是這麼美麗的話，或許卡爾也不會到執迷的地步。他四處搜刮古董，據貝特隆‧維尼歐表示，沉迷於「大量購買漂亮的東西。家具、青銅雕塑、織錦……他就是這樣入手幾件十八世紀的神祕物品，包括來自侯許－吉雍城堡（château de la Roche-Guyon）的以斯帖織錦掛毯系列。還有陶瓷與青銅鍍

金的漂亮裝飾品，出自頂尖細木工匠之手的單人沙發椅，無數十八和十九世紀知名畫家如菲利普‧尚佩涅（Philippe de Champaigne）、亞森特‧里戈（Hyacinthe Rigaud）或法戈納（Fragonard）的畫作⋯⋯。」[6] 專門研究此時期藝術品的作家丹尼爾‧阿爾庫夫（Daniel Alcouffe）補充：「他特別喜歡細木工藝家具，鍍金木製家具。他認為十八世紀製作的椅子最舒服、最符合人體工學。他也擁有好幾件非常精彩的雕刻。」[7]

卡爾這麼做並不是要開博物館或是出於什麼可笑的模仿。貝特隆‧維尼歐表示「他非常了解那段時期最精緻的手藝，很清楚冬季和夏季裝飾品的差異，一般家具（meuble courant）與目的用途明確的家具（meuble meublant）有何不同，以及燭光照映在金漆與水晶上的重要性。」[8] 卡爾在十八世紀用餐、工作、就寢。在巴黎，傳言說他家裡沒有電，寧願點蠟燭。這點倒是不假，不過只有一個房間如此。「他的臥室非常驚人，放著一張帶頂篷的小床。」文森‧達瑞回

憶：「我心想，他怎麼有辦法睡在這張床上！但是卡爾睡覺像死人一樣躺得直挺挺，所以他不需要太多空間。」[9] 此處提及的床是「壁龕床」（chaire à prêcher），有許多雕飾，鋪著黃底繡銀的里昂絲綢。

雖然他不會打扮成啟蒙時代的人物，不過，他的外表卻悄悄起了變化。一如往常，魔鬼就藏在細節裡。大田野時期，他把鬍子刮得乾乾淨淨，威瑪共和國的造型不再。他從門采爾畫作中的人物假髮得到小巧思，一頭長髮以緞帶綁成馬尾，並撒上乾式洗髮劑石松粉。他拿出最心愛的配件——折扇，與他的新造型搭配得天衣無縫。「折扇的形狀跟著他的打扮風格變化，在他手中令整體精緻的造型更加完整。」烏卡德詳細說明：「他把玩扇子的手法非常熟練，而且很喜歡展開扇子，躲在後面。」[10] 這個姿態成為一種風格。扇子現在可以讓他光明正大地搧去香菸的煙了。不過更重要的是還能夠保護他，避開眾人的目光。

(1)Virginie Mouzat，〈Un déjeuner chez Karl Lagerfeld à Paris〉，《Le Figaro》，2011 年 8 月 20 日。

(2) 《Un jour, un destin: Karl Lagerfeld: être et paraître》，出處如前述。

(3)-(10) 出自與本書作者的對談。

鬼魂的風采

　　四十年前，也就是 1978 年，法布里斯・艾邁爾將蒙馬特大道上的老劇院改成夜店「皇宮」（Le Palace），在季斯卡總統任內吸引許多熱愛狂歡的年輕人。珍妮・貝樂站在門口，決定哪些男女可以加入夜行的派對動物：「高傲的人不能進去。很蠢的人也不能進去。如果你一副不想狂歡的樣子，你也進不去。但是如果你又高傲又蠢又無聊，不管是不是穿球鞋都能進去。罩子要放亮點。」[1] 賈克正在吧臺旁邊搭訕男孩們。荻安・波沃－珂容隨著迪斯可音樂跳著舞：

　　「皇宮真的棒呆了。當然，想也知道我們一定酒精、毒品、性愛全都來，但是我們除了自己，沒有傷害到任何人。」[2] 卡爾拉格斐手中拿著折扇，蜻蜓點水般地來一下就走。「當年除了卡爾，所有服裝設計師每天晚上都狂歡到天

亮⋯⋯那些人包括賈克・巴雪，賢三跟札維耶・卡斯戴亞，伊夫・聖羅蘭，露露和喬耶・勒朋（Joël Le Bon）⋯⋯他們非常熱愛夜生活，從中汲取風格和穿搭的新資訊。」[3]巴黎夜生活的大人物帕姬塔・帕坎（Paquita Paquin）說。雖然賈克總是魔法般地現身，不過這些令人難忘的派對都是他一手策劃的，例如這場以威尼斯傳統舞會為發想的化妝舞會。克里斯提安・杜梅－樂沃斯基清楚記得派對的名稱：「那場派對叫做『從總督之城到萬神之城』。其中一份邀請卡上有一匹狼，以黑色銅版紙搭配絲質細繩。卡爾頭戴非常卡薩諾瓦的三角海盜帽，而賈克則頂著一座里亞托橋的龐大模型做為頭部造型。」[4]珍妮・貝樂乘威尼斯的渡船大駕光臨，由裸著上身的巴黎消防員抬進場。文森・達瑞扮成劊子手：「我們和克利斯提安・盧布坦（Christian Louboutin）偷來一整箱劇場服裝，然後『分贓』。大家都知道，卡爾辦的派對一定會很精彩。」[5]

卡爾玩得很開心，不過當然無時無刻保持清醒。他的重

點是觀察時代。新崛起的設計師如克勞德‧蒙塔那（Claude Montana）、提耶利‧穆格勒（Thierry Mugler）、尚－保羅‧高提耶（Jean-Paul Gaultier），以及他們對年輕人的影響。某些事物正在改變。這天晚上，珍妮看穿黑色鏡片後的卡爾：「卡爾的雙眼盯著奇裝異服的人群⋯⋯色彩、整體，一切就像鍊金術，從鞋子到髮型⋯⋯妝容⋯⋯全都自成規矩。特立獨行沒有什麼不可以。」[6] 於是她明白，卡爾拉格斐的腦袋裡一定浮現了某些想法。

「什麼？ Chanel ！」

卡爾的助理艾維‧雷傑簡直無法相信。祕密一直到卡爾正式宣布將接下這個低迷的精品品牌時才揭開。「當年的 Chanel 有點停滯不前。」艾維‧雷傑解釋：「香奈兒女士已經過世超過十年，我不懂這個品牌還能有何作為。」[7] 他並不是唯一這麼想的人。整個時尚圈，沒有人敢為 Chanel 放手一搏。再說，如果另找傳人，伊夫‧聖羅蘭才是最佳人選。香奈兒女士過世前，某次上電視接受好友賈克‧夏佐

（Jacques Chazot）訪問時，曾意有所指地提起。「那個人愈能模仿 Chanel，就愈能成功。因為有一天我會需要繼位者，如果我發現有人能夠模仿我，那就表示……您很清楚，模仿之下，其實是愛啊！」[8]

不過她真正在意的，似乎並非繼承人是否能夠完全再現 Chanel 風格。「……我會死不瞑目，入土之後我一定還是無法安息，一心只想回到人間，重新開始。」[9] 她是否最終選擇了卡爾回到幕前？

伊夫太在意個人光環了。Chanel 所屬的維特海姆（Wertheimer）家族因此另尋能夠延續傳承品牌精神的設計師，無論男女。八〇年代初期，卡爾因為在 Chloé、Fendi 以及世界各地的品牌大受歡迎，開始發光發熱。他是出了名的不眠不休的工作者。他睡得很少，早上五點左右便起床，然後開始不停畫設計稿。他搭飛機到米蘭，只待幾個小時就離開。

在飛來飛去的路上，他就能完成整個系列，設計全新的

洋裝。「有一天我看到他在吃義大利餃時，向人要來布剪，還有一小片皮草……然後喀擦喀擦，他把皮草剪成義大利餃的形狀！後來這片皮草被縫在大衣上，變成皮草義大利餃大衣，而且效果很好。他就是這樣工作的。」[10] 艾維·雷傑雀躍地說。身為精品業的「受僱者」，讓他得以隨意穿梭在品牌和各種點子之間，但是從來不會混淆各種效果，也不會使其變得索然無味。卡爾不僅隨時都有新點子，更出名的是他不會為了自身利益而過度掌控品牌。他尊重品牌的歷史、形象及符碼，然後賦予它們令人眼睛一亮的現代感。

卡爾拉格斐從未見過可可·香奈兒，不過他一定曾在麗池飯店遇過她的幽魂。他一定會喜歡她的個性和創造力──至少整個巴黎上流社會都這麼認為。私底下，他的好友薇克朵亞·杜特洛大力讚揚卡爾得到這份工作是實至名歸。「我認識賈克·維特海姆（Jacques Wertheimer），他問我的意見。我回他：『我覺得卡爾絕對才華過人。』他是最佳人選，因為他可以隱身幕後，一個人就能畫出桌子椅子、什麼都會

畫！Chanel 當然難不倒他！」[11] 這正是維特海姆家族要尋找的平衡，卡爾非常接近他們的理想。那時，他們幾乎已經想要脫手賣掉 Chanel，沒有什麼可失去的，因此給卡爾完全的創作自由。卡爾二話不說接下工作，迫不及待地動筆繪製 1983 年的春夏系列。

他的工作方式依舊不變：動筆之前，他想要全然掌握主題。「卡爾知道，對 Chanel 這個品牌必須擁有廣博的知識，徹底了解香奈兒女士在法國時尚中的重要性，然後賦予其現代感，讓品牌往前走，受人喜愛而且令人愛不釋手。」[12] 艾維‧雷傑說道。卡爾拉格斐非常了解香奈兒傳奇，但是他想要更進一步，挖掘品牌的根源。問題來了，過去的資料都沒有留下。據雷傑所言，「他必須自己去或是叫人去跳蚤市場買下過季雜誌、成堆的舊報紙，而且還買好幾份。」[13]

「他看到有興趣的部分就會撕下那一頁，貼成一本本，當作靈感來源。簡直是自己的搜尋引擎，比 Google 更早出現的 Google。」[14]

書本愈疊愈高，卡爾看書、找靈感、剪貼、篩選、排列、觀察，並且想著香奈兒。建立理論後，接著就是實作了。晚上他還是會到「皇宮」，不斷細細觀察，親眼見證這些活生生的題材，這些扭腰擺臀的女孩……她們在跳蚤市場購入舊外套，搭配牛仔褲穿著……夜晚派對看似沒有盡頭，不過他回家繼續工作。

　　睡夢中，可可或許在他的夢裡現身。她會和他說話，在耳邊悄聲提示線條、材質。「我一生中做出的所有美好事物，都是在睡夢中看見的。這就是為何我的床邊總是擺著素描本。」[15] 他鉅細靡遺地畫下一切，夢境與在「皇宮」的所見和雜誌書本中的資料交織。

　　書桌上的畫稿愈積愈多，第一個系列的輪廓逐漸成形，當年還不叫做「成衣」（prêt-à-porter），而是稱為「店鋪」系列。十年來沒有人能夠辦到的事，他能夠一舉成功嗎？他是實至名歸的傳人嗎？或者能像個演員，扮演好香奈兒的角色？

卡爾和 Chloé 的合約尚未到期，無法正式公開地為 Chanel 工作。因此他在黑暗中編織一切，打電話給艾維·雷傑，要他來拿初稿。他的助手帶著簽有香奈兒名字縮寫的 A4 紙張。黑色線條上，麥克筆的鮮豔色彩躍然紙上，也跳進他的眼裡：「我心想：『真是太有趣啦！一定會很有意思！』當年 Chanel 的套裝中產階級氣息濃厚，而且非常經典，而手稿上全然不是這麼回事。」[16] 第一次的驚喜之後，接下來就成了兩個男人之間的慣例：「晚上我到卡爾家。他給我手稿，我帶到 Chanel，然後在工坊讓裁縫師們打樣——我有權多少畫一點——我拍下照片，給卡爾看實品。我們為外套加上墊肩。Chanel 的外套從來沒放過墊肩……裙子變短，還做了鞋跟 9 公分高的鞋子。我還記得，9 公分高……在今天，9 公分根本叫做平底鞋，但是當年那可是天一般高！」[17]「還有大量珠寶、性感的女孩，一點也不 Chanel。」[18]

　　卡爾的設計非常搖滾龐克，充滿夜店氣息。他以最隱密

的方式，悄悄為 Chanel 注入活力。但是他希望自己能夠掌握一切，確認一切都進行順利。

某些夜晚，他會沿著康朋街的牆面，摸進已熄燈的 31 號。可可・香奈兒透過他回到自己的品牌。走秀時，她隱身在階梯後方觀看。她的身影在一面面鏡子中，形成無限個倒影。接著她以無聲的腳步回到她的私人公寓，重回中式漆器、藏書和米色沙發的懷抱。然後她會走近窗邊，眺望康朋街。

卡爾在進入夢鄉之前，還有未完的工作。

雖然卡爾不該表現出來，不過時尚界全都知道卡爾拉格斐就是 Chanel 新系列的藏鏡人。人人坐立難安期待著。如記者嘉妮・薩梅形容，不少人質疑，一個德國設計師怎麼有能耐重燃法國傳奇的火光：「人們知道卡爾拉格斐將接手 Chanel 時，全都在看好戲，因為這實在不算是個好主意……」[19]「大家都很確定他會毀了 Chanel 的品牌形象。」[20]

1982 年 10 月 18 日，這一天，羅浮宮的方形中庭搭起

帳篷，媒體交頭接耳地等待，迫不及待想要看看卡爾葫蘆裡賣的是什麼藥。終於，一百二十個模特兒魚貫而出，身穿短裙，一頭亂髮。

卡爾拉格斐窺伺人們的反應。走秀結束時，他不能上臺致謝，只能悄悄離開。

「第一個系列簡直被罵翻了。」艾維・雷傑回憶：「人人都說：『我可不是來 Chanel 看這種東西的。』大家都期待經典的設計，但是他卻打破陳規。」[21] 發表會的隔天，《國際先驅論壇報》（*Herald Tribune*）的記者希碧・多希（Hebe Dorsey）就反映了這些強烈聲浪：「幸好可可・香奈兒已經不在世，否則她不會諒解的。」[22] 前來看秀的演員瑪麗－喬瑟・娜特（Marie-Josée Nat）震驚得不得了：「我來 Chanel 不是要看這些。」[23] 另一位時尚觀察家心灰意冷，說這是世界末日：「Chanel 就是法國啊！」[24] 美國人對大膽的風格讚賞有加，但是歐洲人悶悶不樂，愁眉不展，為長鍊、珍珠、鮮豔色彩下消逝無蹤的香奈兒女士哀悼。

卡爾拉格斐卻成功達到他要的效果。「引發爭論就是讓品牌恢復生氣的不二法門。他簡直樂不可支。」[25] 艾維·雷傑說。在報章雜誌中，他的名字不會直接與 Chanel 系列連結，在秀場上缺席更增加他的光芒。

在媒體上大出鋒頭後，1983 年 1 月 25 日下午 3 點，正式的訂製服系列於康朋街的沙龍登場。訂製服系列比較文靜典雅，卻不失新活力，贏得一面倒的讚賞，立刻蔓延開來。「一夕之間，大家都渴望穿上 Chanel，六個月前，沒人想穿 Chanel。」[26] 嘉妮·薩梅回憶。這個系列代表卡爾正式入主 Chanel 的日子，和 Fendi 一樣，展開時尚史上品牌與藝術總監最長久的合作關係之一。

訂製服系列讓最初的成衣系列被遺忘，那是卡爾在 Chanel 真正的開端，卻沒有留下太多照片和紀錄。

品牌本身似乎也巴不得忘記這個系列。然而它才是卡爾拉格斐往後三十年最具代表性的設計。這種感受時代、在品牌血統中混合大膽風格，就是銷售量起飛的開始，奠定長久

不墜的人氣，還有卡爾永遠銘記在心的格言：「我一邊努力讓 Chanel 的風格進化，心裡想的是歌德的名言：用過去的元素開創更好的未來。」[27]

在八〇年代的開頭，他需要某個人化身為他心目中的香奈兒女士。

註

[1]-[7] 出自與本書作者的對談。

[8] 《Mode Chanel》，晚間八點電視新聞，Isis Lamy 和 Jacques Chazot 主持，ORTF，1970 年 7 月 22 日。

[9] Paul Morand，《L'Allure de Chanel》，Folio 出版，2009 年。

[10]-[12] 出自與本書作者的對談。

[13] 《Un jour, un destin: Karl Lagerfeld: être et paraître》，出處如前述。

[14] 出自與本書作者的對談。

[15] Jean-Christophe Napias 和 Patrick Mauriès，《Le monde selon Karl》，出處如前述。

[16]-[17] 出自與本書作者的對談。

[18] 《Un jour, un destin: Karl Lagerfeld: être et paraître》，出處如前述

[19] 出自與本書作者的對談。

[20] 《Un jour, un destin: Karl Lagerfeld: être et paraître》，出處如前述。

[21] 出自與本書作者的對談。

(22)~(24)Hebe Dorsey，〈Chanel Goes Sexy〉，《國際先驅論壇報》，1982 年 10 月 19 日。

(25)~(26) 出自與本書作者的對談。

(27)Jean-Christophe Napias 和 Patrick Mauriès，《Le monde selon Karl》，出處如前述。

巴黎女人

　　一頭褐色短髮，線條迷人的雙唇，伊內絲・法桑琪（Ines de la Fressange）跨著修長步伐來到康朋街。她推開工作室大門，那上頭仍保留著「女士，私人空間」（Mademoiselle, privé）的標語。卡爾正在等她。她走向大辦公桌，上面放著一瓶巨大的 Chanel N°5 香水、一本行事曆，還有幾支綠色鉛筆。卡爾背對窗戶，正在畫畫。他戴著有色鏡片，灰色的頭髮綁成馬尾，繫著藍色領帶，黑色外套，扣眼插著一朵白花。助理在他身旁忙得團團轉。「這簡直要引發公共危險了。」艾維・雷傑笑道：「他把一整疊待製作的手稿交給助理……然後為試衣繪製新的手稿。他可以同時對第一工作室發號施令、和記者對話，然後還一邊繼續畫圖。」[1]

　　這位年輕女孩彎腰親吻卡爾的臉頰。

「你好，Miss 伊內絲。」

在卡爾心目中，這位二十六歲的模特兒不只是單純的繆思，更是他想像中整個巴黎、女性、以及香奈兒本人的化身。她的身軀、風姿、精神自成一個世界。他喜歡她渾然天成的時髦、口齒伶俐、自由自在。「她是第一個拋開禮教束縛的模特兒。走秀的時候，她會拎著外套或是脫下外套，然後扔向觀眾群。她很有天分，知道如何表現存在感。」[2] 嘉妮·薩梅強調。

伊內絲喜歡提醒媒體，當年香奈兒女士想要和她母親簽約，不過條件是剪去一頭長髮，所以母親拒絕了。對卡爾來說，這是理所當然的：「伊內絲就是很 Chanel。……總而言之，我也找不到比她更好的人選。事實上我也沒找。我別無選擇，因為沒有別的人選。」[3]

一如往常，卡爾說話速度極快，有如斷奏。伊內絲在他身後一角抽菸。她和拉格斐一起看模特兒們的照片。卡爾會突然冒出一句：「她的身材很好，但是我不喜歡她的腿。」

或者聽到他冒出一聲：「有點意思！」[4] 還有：「我最喜歡這種潑辣的小女人了，我覺得很有意思。」[5]

上工！他起身走向工作室放滿繽紛布卷處。他抓起一塊助理拿給他的粉紅色布料，折了折，然後繞在雙手遮住乳房的模特兒身上。他頭也不抬地問有沒有更淺的粉紅色。有人拿來布料，但是他覺得顏色太淡了，他想要偏橘的粉紅。他繼續鋪展布料，一邊思考。「不，這樣看起來好濁，是吧……」[6] 偶爾，伊內絲會給一些意見。助理在一旁看著。他在她周圍繞來繞去一邊說話。卡爾畫手稿，然後直接在模特兒身上讓想法成形。對卡爾而言，伊內絲・法桑琪非常重要：卡爾「需要伊內絲才能看清楚，他在她身上釐清對設計的看法。」[7]

除了讓伊內絲和品牌簽下獨家合約──Chanel 是首度這麼做的品牌，他更讓這位年輕女人成為閃亮之星，是嶄新的Chanel 與法式女人味的化身。有時候簡直整場秀都是靠她挑大梁：「我幾乎跟在自己屁股後頭走。我有二十幾套服裝要

穿……，只有一分鐘左右的時間換裝。這是為了表現我不只是模特兒，更象徵了 Chanel 客戶。」[8]

這段相輔相成的合作卻在六年後戛然而止。「伊內絲吃了不少卡爾的苦頭。……什麼都不做地等待數小時。直到有一天，她認識了一位先生，他說：『我受夠你凌晨三點才回家。』[9]」嘉妮・薩梅敘述。這麼說或許有點武斷，但也不完全是錯的。卡爾無法忍受被身旁的人拋下。他曾公開表示一點都不喜歡伊內絲在 1989 年獲選成為瑪麗安胸像的模特兒，那尊胸像完成後將放在法國的市政府中。卡爾為此說了重話：「今天這件事不會再有後續。我才不會幫歷史古蹟打扮。」[10]

她也不甘示弱地回擊：「你以為留馬尾就戴不下自由之帽嗎？」[11]阿爾莉蒂（Arletty）般立場堅定的法式回答，為分手正式蓋章生效，合約終止。「她該走的秀還是要走，但是我無意再與她共事。原因很單純：我對她已經沒興趣了。」[12]

其他繆思相繼而來，也一個個離去。卡爾再度被拋棄，故事一再重演。總之，這件事對伊內絲而言已經結束。「是我一手造就她的。沒有我，她可能還整天抱著一本作品集，繼續像其他模特兒一樣到處跑攝影棚呢。她非常美麗，但是不上相。現在我們在找比較性感的模特兒。工作室裡滿滿都是風趣又迷人的女孩。」[13] 再一次，卡爾對過去的事頭也不回。

註

[1]~[2] 出自與本書作者的對談。

[3]~[6] Gaumont Pathé 資料庫，1984 年 10 月 25 日。

[7] Guillemette de Sairigné，〈Style: le prince Karl〉，出處如前述。

[8] 〈1983: Inès de la Fressange devient l'égérie exclusive de la maison Chanel〉。

[9] 出自與本書作者的對談。

[10] Marie-Amélie Lombard，〈Karl Lagerfeld: ce que je pense d'Inès〉，《Le Figaro》，無日期。

[11] Serge Raffy，《Karl le téméraire》

[12]~[13] Marie-Amélie Lombard，〈Karl Lagerfeld: ce que je pense d'Inès〉，出處如前述。

畫作之中

　　街道上的聲響愈來愈嘈雜。賓客們踏進大學街的私人公寓時都屏住呼吸。他們彷彿穿越到兩百年前的時空，只差身上的服裝和整群傭人。中庭、寬敞無比的入口、樓梯天井、綿延不絕的房間……「這很罕見。大家都知道，巴黎有不少私人公寓。除了那些作為政府機關的，其他的內部陳設則或多或少都會配合建築本身的年代，有時候甚至太過火。但是卡爾的家一切都很完美。華美的裝潢和漂亮的物件與家具結合得恰到好處。」[1] 貝特隆・維尼歐評論。

　　這天晚上，卡爾拉格斐在家裡宴客。他似乎很喜歡這類豪華的晚餐，巴黎的上流社會全都圍繞著擺設美輪美奐的巨大餐桌，八〇年代的流行美學彷彿在九霄雲外。卡爾穿著深色西裝，那是他和賈克在米蘭的 Caraceni 買的，搭配領帶和

條紋襯衫。

晚餐前，卡爾分送幾本書給友人們。「他總是努力分享對十八世紀的熱愛。他曾送過我一本關於服裝產業的書，作者是一位名叫卡洛琳・薩珍森（Carolyn Sargentson）的英國博物館員；還有一本喜劇和小說作家李可波尼夫人（Madame Riccoboni）的小說集。」[2] 丹尼爾・阿爾庫夫回憶。餐桌已經擺設完畢。白色餐巾，水晶玻璃杯，銀製餐具。卡爾發想並設計了餐桌中央的花束。他的左邊是女性友人安娜・皮亞吉；對面是賈克・巴雪。周圍則是精挑細選的重要人士，一小群能左右時尚的人：雜誌編輯、記者、攝影師等。

卡爾一隻手肘抵著餐桌，下巴放在大拇指上，一直保持這個姿勢，似乎若有所思。貝特隆・維尼歐想像：「某些時候，卡爾一定會心想：『十八世紀正包圍著我，身邊的人們都加入這場遊戲。我就像畫中的人物。或許是門采爾畫中的腓特列二世』[3]。」

燭火倒映在高掛的鏡中，賓客們的低聲交談就在熒燭中

展開。一扇敞開的門延伸向不見底的黑暗，令人不禁幻想其他房間的模樣。門采爾的畫作就放在其中一個房間，並沒有掛在牆上，而是放在地上。「這幅畫本身就是遺失畫作的複製品，固然被視為非常私密的幸運物，是極具啟發性的肖像畫，但是絕非藝術品，因此它總是放在屋中隱蔽處。」[4] 帕特里克‧烏卡德宣稱。這幅畫備受寵愛，是卡爾拉格斐人生的靈感之源，並沒有被打入冷宮。

不過畫作已然被卡爾的人生超越。甚至在完成的那刻就已超越自身，並急切地在變化。

卡爾對十八世紀的熱愛，引導他在財務上參與法國古蹟的修復。某些晚上，他會在自家沙龍召集一小群內行人，幾位該時代的專家。貝特隆‧維尼歐就是其中一人：「多虧卡爾慷慨解囊，以及蘿荷‧波沃－珂容積極的行動，我們才能創辦『歷史住宅』（Demeure historique）獎項，收入用來修復私人古蹟，當時的會長是亨利－方索瓦‧布列特爾（Henri-François de Breteuil）。受惠於卡爾的城堡會接受檢

視，確認是否名副其實；我們會投票決定哪一件修復工程最嚴峻。」[5] 簾幕拉開了，在其他燭光的照映下，候選文件無聲地在賓客之間傳閱。當年的卡爾，在戰火最劇烈的時候，在腦海中為國王和公主安置了一個理想世界，那個小男孩始終沒有改變。他永遠君臨天下似地坐在一群接受遊戲的人們之間。

「可以感受到門采爾畫作的氛圍。」丹尼爾·阿爾庫夫憶道：「我認為那就是他想要的，而我們也欣然作陪。」[6]然而，這個遊戲即將面臨其他現實的噬嚙。

註

(1)~(6) 出自與本書作者的對談。

一個時代的終結

　　珍妮・貝樂在「皇宮」入口把關，各種潮流、任何情緒和氛圍的變化都逃不過她的法眼。她很清楚。那些夜夜出門，將車子停在鄰近街上，迅速在車裡換裝的人們，漸漸留在家裡了。他們睡覺、看電視，或是到別處找樂子。夜店內部，後來開幕的「尊榮」區（Le Privilège）和地下室的餐廳，宛如兩個世界。類型不再融合。一般客人在樓上，明星在樓下。某些東西正在停止、消逝。彷彿一切已達到極限，再也不可能有更美麗、更瘋狂的人事物了。

　　「店裡愈來愈空。可以感覺到大家都累了。某方面來說，可以感覺到這個地方已經死了。」[1] 她說。

　　時尚界和夜生活圈的人們是頭號受害者，他們受到的波及遠超過你我的想像。然而事實就放在眼前。愛滋病帶走愈

來愈多好友、熟人、同事。人人都在通訊錄劃掉名字,寫上忌日。人們彼此相約隔日見面,參加下一場葬禮。高田賢三和許多人一樣,大受打擊:「1986、1987年開始,很多人都死了。那個年代太可怕了。每個人都擔心受怕。我的朋友幾乎有一半都不在了。」[2] 卡爾在逐漸增加的死亡名單前也一樣害怕。有時候,避開眼神交會或許是好事。

這天,卡爾繫著米色印花領帶和粉紅色襯衫。白色高領搭配雙排扣西裝外套的同色口袋巾。他的頭髮已經花白。

他一手靠著面海的陽臺,望向海平面。這片景色美得令人窒息。在夏季,偶爾天剛亮時,他可以隱約看見科西嘉島的海岸。他的右邊是摩納哥之岩、聖母無染原罪主教座堂(cathédrale Notre-Dame-Immaculée)與宮殿。1981年法蘭索瓦・密特朗掌權後,摩納哥的亞伯特王子鼓勵卡爾拉格斐成為摩納哥居民,拉格斐入住一間公寓,位在剛落成的洛卡貝拉(Roccabella)高塔頂樓。在巴黎,他的住處有線腳和金漆;這裡的牆面則是灰色,陳設極度現代感,全是當代設計

名作，以及誕生於米蘭的曼菲斯（Memphis）建築風格。「在這座現代建築裡，我不知道自己還能做什麼……我對這裡是一見鍾情，心想：『這些家具和這個地方簡直是天作之合。』住在這裡很愉快，可以看見大海，每一件家具都有海灘的名字，像是 Negresco、Miami Beach……」[3]

　　卡爾在內部與外部找到完美的一致性。客廳中放著一座造型奇特的拳擊擂臺。公寓的布置，家具的原色，方圓形狀的組合，在在流露這陣設計風潮的義大利血統。「卡爾很知道如何抓住某種風格的精髓，然後創造出一番獨特詮釋。聖旭爾比斯廣場旁的公寓、斯瓦庫私人公寓、蒙地卡羅的曼菲斯公寓，都展現各自的風格。」[4]帕特里克・烏卡德表示。

　　電視臺的團隊前來拍攝卡爾拉格斐的新居陳設。他們約在侯克布魯恩－卡普－馬坦（Roquebrune-Cap-Martin）上，一棟十九世紀末落成的 600 平方米的華美別墅，由一位英國爵士建造。卡爾注意這棟別墅很久了。他的夢想就是住在裡面，而且他會實現這個夢想，為這棟不知為何大門緊閉多年

的別墅投入金錢與心血。「多年來，這棟別墅大門深鎖而名聲神祕，因為沒有人知道裡面發生過什麼事。也就是說什麼事都沒發生。」[5] 卡爾諷刺地說。然而，這棟屋子裡有鬼魂出沒，像是 1914 年，一戰爆發前的前任屋主黛希親王王妃（Daisy de Pless）。「她是愛德華時期的英國上流社會人士，後來嫁給非常富有的德國親王。是卡爾告訴我這號人物的。」貝特隆・維尼歐敘述：「對他而言，她象徵蔚藍海岸在美好年代的絕對優雅。當時他還擁有艾勒（Paul Cesar Helleu）為她繪製的肖像呢。」[6] 卡爾認為這就像是黛希親王王妃留下的日記。其他代表美好年代的上流社會女性人物都帶給他許多靈感，例如身兼作家與記者的黛西・費羅（Daisy Fellowes），或是女演員與建築師曼德爾夫人（Lady Mendl。譯註：本名 Elsie de Wolfe），都是他心目中的完美化身。他尤其喜歡提起曼德爾夫人站在雅典的衛城前面，高聲讚嘆：「Oh, beige, my color !」（噢，米色，我最愛的顏色啊！）

別墅內已經開始動工。「這個房子裡有些問題。」帕特里克・烏卡德憶道：「光是樓梯就試了三次，才大概做出符合空間容積的樓梯。客廳不舒適，空間又太大，卡爾不喜歡這點，因此我必須移動柱子的位置，才能重新配置空間。所有這些深具挑戰的建築難題，都令他熱血沸騰。」[7] 卡爾在一桶桶油漆之間逛著……這是他的習慣。「我最喜歡工地了。比起竣工，我更喜歡想像完成後的樣子。我喜歡的就是為做而做。我的收藏也是同樣的道理，我設計服裝系列，也收藏房子。」[8] 不斷、不斷建造，就感受不到時間的影響。

於是，瞭望塔別墅（Vigie）成為了美麗的新天地。他後來愛上如魔法世界般的審美觀。「他沉迷於重現 1900~1920 年間的蔚藍海岸的氛圍。」貝特隆・維尼歐強調：「不是那種穿著泳衣、晒成古銅色的蔚藍海岸，而是頭戴巴拿馬帽，身穿高雅洋裝，在冬天造訪的蔚藍海岸。」[9] 日落之後，黛希親王王妃和偉大的蓋茨比的影子將再次飄過窗簾、織品、舒適的家具、細木地板之間。賈克在這裡當然也有自己的房

間，以新哥德風格裝飾。

在紀錄影片的畫面中，卡爾拉格斐坐進他的白色勞斯萊斯。深色鏡片後，他盯著車流不絕的主要道路。他與格里馬爾迪（Grimaldi）王室，尤其與卡洛琳公主（Caroline de Monaco，又稱漢諾威王妃）的友誼，填補了他對公主的著迷。在前往巴黎的飛機上，他拿出一疊厚厚的長方形黑藍紙張，開始畫畫。這是某種剪貼簿，他稱之為「視覺日記」，裡面貼滿數十張剪貼的照片、名片，還有色彩繽紛的電話號碼。

「裡面什麼都有。我的工地進度狀況、收集品……我的車子（的照片）以便提醒我（車牌）號碼……這類東西……」[10]

沒完沒了的建造，同時也不斷修補，因為害怕失去。

註

(1)~(2) 出自與本書作者的對談。

(3) 《Portrait》，Jean-Louis Pinte、Stefan Zapasnik，Pierre Sisser 導演，Denys Limon 與 Claude Deflandre 製作，FR3 電視臺，1987 年 1 月 23 日。

(4) 出自與本書作者的對談。

(5) 《Portrait》，Jean-Louis Pinte、Stefan Zapasnik，Pierre Sisser 導演。

(6)~(7) 出自與本書作者的對談。

(8) 《Portrait》，Jean-Louis Pinte、Stefan Zapasnik，Pierre Sisser 導演。

(9) 出自與本書作者的對談。

(10) 《Portrait》，Jean-Louis Pinte、Stefan Zapasnik，Pierre Sisser 導演。

至高的愛

　　一抵達巴黎，卡爾便直奔康朋街的工作室。時間只夠他看幾套服裝然後下指令，接著再度動身前往香榭麗舍大道，到 Karl Lagerfeld 的總部——1984 年創立的同名品牌。他似乎想要逃避自己的真實身分，花了不少時間才決定用自己的名字作為品牌名稱，標示在服裝上。在香榭麗舍大道上，他踏進另一間工作室，與他在 Chloé 時期認識的裁縫師，他最親愛的安妮塔‧布莉耶會合。他輕鬆自如地遊走在不同的世界之間，進入一個世界的同時，便將另一個世界遺留在外。「我在這方面像有健忘症似的，很奇怪吧。如果你在 Chanel 的辦公室問我 KL 的事，我會答不出來。在 KL 那裡，你問我 Chanel 的事，我也會毫無頭緒。」[1]

　　卡爾拉格斐從來不說同名品牌的全名，只用縮寫 KL 稱

呼。擁有自己的品牌似乎無法代表其職業生涯的最終目標。他自己的品牌，只不過是他經手的眾多品牌之一。在 KL，他的作風就和在 Chanel 或 Fendi 沒有兩樣。一樣的高標準，一樣有專心的助手在他身旁忙得團團轉。他用黑色麥克筆在模特兒的白色服裝上做記號：「這邊，把這裡弄直，像這樣形成角度，這樣就容易多了。」[2] 他指示安妮塔，她答話：「好的，卡爾。」

大家都離開後，卡爾拉格斐有時候會逗留一陣子，待在眺望香榭麗舍大道的陽臺上。

夜晚已經降臨，時間彷彿暫時停止。

在多頭進行的事業外，卡爾又多增加一件工作，或許對他而言是最重要的：攝影。從現在起，他親自拍攝 Chanel 的媒體素材包，設計形象廣告布景。他也會在鏡頭面前，遙控按下快門。他在自拍照中的姿勢顯得非常嚴肅。賈克也成為他常拍攝的題材。為什麼他想要捕捉當下？這是用來快速忘卻悲劇的手段嗎？

卡爾的辦公室到處都是賈克的照片。其中一張照片是由他的朋友兼鄰居海爾姆特‧紐頓（Helmut Newton）拍下。卡爾手中拿著折扇，和賈克一樣身穿淺色西裝。他的伴侶看起來很虛弱。另一張照片中，賈克靠在他們在里沃利街（rue Rivoli）的新公寓露臺上。他看著鏡頭，卡爾也在照片上，就在他身後，但是背對鏡頭。只能依稀辨認出他的外套、眼鏡鏡腳，以及他的馬尾。

從十六年前相遇到現在，卡爾在這段關係中忠貞不二，始終支持賈克，精神上如此，經濟上亦然。他供賈克吃穿住宿，他為派對埋單，接受他時而消失，還為他籌備一時興起的怪念頭——在羅馬與荻安‧波沃－珂容的訂婚儀式。「我愛上賈克，他愛上我，卡爾覺得這實在太美了。」她回憶：「他瞧不起嫉妒心。他完全知道該如何應付當年還是年輕小情侶，而且瘋瘋癲癲的我們。我們就像兩個小惡魔，覺得人生最有趣的事就是挑戰極限。可憐的老卡爾，他在這段韻事中真的很貼心。」[3] 訂婚派對非常氣派。接著，荻安住進卡

爾留給賈克、在聖旭爾比斯廣場旁的公寓。直到這段故事再也不有趣。「玩也玩夠了。」[4] 她下結論。「不要再假裝了，對大家都好。」

　　賈克‧巴雪在里沃利街的拱廊下憂鬱地散步。他剛從紐約回來，帶了好多音樂，一定會很適合卡爾接下來的秀。他回到卡爾為他租的公寓，可以俯瞰杜樂麗花園。他走過入口的長廊，兩旁放了好幾座胸像，那是他在一位電影美術指導那裡製作的。全都是他的臉。他看著鏡中的自己，卻彷彿認不出鏡中人。

　　然後他驅車前往家族位在南特附近的貝里耶城堡，去見母親阿爾梅樂（Armelle）。托瑪‧巴雪看到叔叔回來，開心得不得了，在他眼中，賈克是大英雄：「有一天我和表兄妹們無聊死了，」他憶道：「賈克從巴黎打電話給我們，跟我們說：『你們可以玩撲克牌啊！』那時我們還小，我們回他說：『我們不會玩撲克牌……』」[5] 幾個小時後，電話再度響起。「二十分鐘後到榮譽中庭，看天空！」賈克指示。

時間一到，一架從南特租來的第一次世界大戰的雙翼飛機劃過天空，接著撲克牌如雪片般飛落，掉在他們頭上。「賈克降落在後面的田野，打扮得像聖修伯里（Antoine de Saint-Exupéry，譯註：《小王子》作者），帶著皮帽，圍著白圍巾，還帶著一箱賭場籌碼。整個下午他都陪著我們，教我們玩撲克牌。」[6] 他的姪子記憶猶新，雙眼放光地說。

　　那天，一抵達貝里耶城堡，賈克直奔他的房間。他需要休息。托瑪知情，已有一段時間了：「是他告訴我們他病了。他不會對我們隱瞞事實，也沒有把狀況搞得很戲劇化。他平鋪直述地告訴我們他的病況，以及感染他的人可能是誰。」[7] 賈克發現自己感染愛滋病毒。他的一生過得轟轟烈烈，他也坦然接受既有的結局。他毫不後悔，也不彌補。

　　「他接受一切，沒有大吼埋怨不公平。他盡量讓我們不受到傷害。」[8] 托瑪說。身為最極端的貴公子，賈克常拿他快死的事情開玩笑。「他似乎永遠都在玩遊戲。」托瑪繼續說：「他甚至準備了遺言。他在我們面前錄製一捲卡帶，甚

至還加入幾句驚世駭俗的話，我們笑得半死。因為我們知道，到了播放遺言的那一天，效果一定很驚人。」[9]

即使賈克假裝不在意自己的生命走向盡頭，他的病情似乎卻讓卡爾陷入恐慌。隨著賈克的健康狀況惡化，「卡爾提議，如果他能吃胖十公斤，就要送他一部 Aston Martin……」托瑪回憶：「他太絕望了，這些提議很荒謬，但，是出自一個不願見到愛人逝去的男人之口。」[10]

他還能怎麼辦？他的人生中唯一不願撕去的一頁，現在卻搖搖欲墜。繼續往前走，不惜任何代價。「他必須往前走。至少為了賈克繼續撐下去……」[11]

卡爾和薇克朵亞在麗池飯店吃早餐時，他總是喜歡聊祕密。但是這個祕密他寧願不說。這是為了保護賈克，他不希望任何人知道他感染愛滋。他也不許身邊知情的人提起賈克他的病情，大家都必須配合遊戲規則。卡爾拉格斐偶爾還會故意在公開場合責怪伴侶氣色很差，同時也愈來愈少出現在他身邊。「卡爾希望賈克能夠遠離塵囂休養。原因有二，其

一是因為他想要盡可能保護他，照顧他到最後一刻，他也這麼做了。其二，華美的時尚和愛滋放在一起太不搭調了。卡爾從來不想要讓他的病情示人。」(12) 托瑪·巴雪分析。

1988 年，賈克住進醫院。卡爾表現得完全不動聲色。記者佩琵塔·杜彭（Pepita Dupont）到卡爾位在大學街上的家，為《Paris Match》雜誌製作採訪時，她完全沒有察覺一絲異樣。「一整個週日下午，他都非常殷勤地接待我。在大學街的人行道上向他道別時，我看到他的司機正在等他。他跟我說：『一位朋友病得很重，現在在加爾什的醫院。』不過他沒有提到名字。我以很一般的語氣回答，說希望他早日康復這類普通的話。」(13) 她回憶道。

司機穿過天色轉暗，雲層漸厚的巴黎。卡爾身邊有一位親近的女性，陪他正面迎接賈克的病情。荻安·波沃－珂容在她家前面等著卡爾。她跳上勞斯萊斯，坐到卡爾身邊，嘴角露出一抹憂傷的笑容：「我們結伴去探病，因為患者是我們深愛的人，我們需要待在一起。」(14) 她補充：「正在失

去親近之人的痛苦和哀傷是非常私人的事，但有時候，我們需要兩個人一起面對。我們總是排除萬難，陪在彼此身旁。那是愁雲慘霧的時期，但是我們努力讓賈克過得開心一點，舒服平靜一點。」[15] 天色漸暗，醫院建築的輪廓益顯清晰。「醫院真的很陰森，醫生穿著連身防護衣，一副在核彈旁邊工作似的……我們前去的時候沒有特別做什麼預防措施。」[16]

即使在男友的病榻邊，卡爾仍打起精神，小心地陪伴他。擅長假扮各種模樣的卡爾，現在要用這份天賦，保護賈克到最後一刻。

荻安強調：「卡爾從來沒有讓賈克感覺到他的痛苦。他努力避免讓賈克……承受任何形式的恐慌。」[17] 這點實在非常了不起：「卡爾真是一位偉大的紳士。」[18]

迴光返照的病情有如易碎的幸福。賈克得以回到卡爾家幾天，另一棟巴黎近郊，在塞納河畔梅城（Mée-sur-Seine）的住處。在那裡，他可以呼吸鄉下的新鮮空氣，遠離門窗緊

閉的房間的滯鬱之氣。「這麼做相當棘手，不過總之是讓他回來了。」荻安回憶：「我想賈克一開始一定很開心。但後來因為他的病情惡化得很嚴重，我想醫院還是讓他更安心一些……」[19]

賈克雲淡風輕地接受他的命運。即使他病得愈來愈重，仍然找到力氣，魔法般地再度拜訪阿爾梅樂，他的母親。他的到來對姪子姪女來說仍是一場精彩表演，就像在命運面前轉圈圈。

「他的皮膚上因為生病長滿斑點。」托瑪・巴雪描述：「他的母親每天都帶著一種叫做『佩迪吉翁修道院消腫凝膠』（Contre-coups de l'abbé Perdrigeon）的藥膏到醫院看他，擦在斑點上，然後貼上絆創貼。……她一離開，賈克就開始把絆創貼貼到沒有斑點的地方。隔天他媽媽來的時候，就會大叫『奇蹟啊』。可是賈克知道自己已經沒救了。」[20]

賈克・巴雪的病情愈來愈惡化。他的友人在最後的痛苦階段也陪伴著他，不離不棄。荻安・波沃－珂容也陪他直

到最後：「賈克最後寬心了，他終於可以走了。」[21] 他於三十八歲與世長辭。十八年來，在卡爾的悉心看護下，他原本可以讓自己發光發熱的。「在他內心深處，他最希望的就是自己的才華受到認可。如果他還活著，我想他不久後一定會做其他事情，將他的人生投入創作。」[22] 札維耶·巴雪想像著。1989 年 9 月 3 日，他離開人世時，卡爾的哪些話語伴他上路？沒有任何人會知道。

賈克生前希望和他的泰迪熊一起火化。這一次，卡爾無法狠下心撕去這一頁。想必這是他人生頭一遭，他心軟了。在巴黎舉行完宗教喪禮的隔天，卡爾在塞納河畔梅城舉辦了一場彌撒。從不參加葬禮的卡爾，以他的方式向賈克致上最高致敬，有如一封訣別書。

賈克的母親，阿爾梅樂，隨後將他一部分的衣服交給卡爾。「他死後，她收集他在貝里耶的大部分物品，然後交還給卡爾。她認為那些東西是屬於他的。除了兩隻錶和一件寶石浮雕，卡爾將它們託給身為姪兒的我們……」[23] 托瑪說。

卡爾與荻安和另一個剛痛失愛子的女人──阿爾梅樂‧巴雪──一同分擔不知所措的心情。他們定期寫長長的信給彼此。卡爾在大學街的公寓準備了一個房間，讓阿爾梅樂隨時可以入住；他的發表會也永遠為阿爾梅樂敞開大門。他從來沒有忘記賈克的忌日，總是會寄花給她。這些懂得彼此心情的人，一起默默地維繫對賈克的懷念。

註

(1) 午間一點新聞，William Leymergie 與 Patricia Charnelet，Antenne 2，1988 年 3 月 18 日。

(2)《Portrait》，Jean-Louis Pinte、Stefan Zapasnik，Pierre Sisser 導演。

(3)-(9) 出自與本書作者的對談。

(10)-(11)《Un jour, un destin: Karl Lagerfeld: être et paraître》，出處如前述。

(12)-(13) 出自與本書作者的對談。

(14)《Un jour, un destin: Karl Lagerfeld: être et paraître》，出處如前述。

(15) 出自與本書作者的對談。

(16)-(17) 見《Jacques de Bascher, dandy de l'ombre》，Marie Ottavi 著，出處如前述。

(18)-(23) 出自與本書作者的對談。

設計師與女王

　　鳥兒不停的吱喳聲帶著催眠的規律感，不斷落回水池的噴泉亦然。天空一片湛藍。1990 年 6 月，這天午後，一切都顯出好兆頭。要是飄雨，派對就毀了，而且還不得不讓賓客們進入城堡；「十八世紀田野」風格的裝潢距離完成遙遙無期，這可不能讓客人看到。不過庭園卻打點得再美麗不過。花束和遮陽傘圍繞著賞心悅目的餐點長桌，避免陽光直晒，小蛋糕和馬卡龍堆成一座座小金字塔。精心挑選過的賓客和卡爾一起等著。

　　不久前，這個想法在土魯茲－羅特列克（Toulouse-Lautrec）的姪孫──貝特隆・維尼歐的腦海中萌芽：「八〇年代末，在尚－路易・佛希尼－路桑傑（Jean-Louis de Faucigny-Lucinge）親王的要求下，我參與規劃一場英國女王

伊莉莎白在法國，尤其是布列塔尼的私人旅行。我覺得讓她見見卡爾拉格斐一定會很有意思，卡爾也立刻接受提議，開放『大田野』的庭園和城堡。卡爾自然對皇室的輝煌歷史著迷不已。他認為能夠接待這位女王簡直太棒了，而且她還是最後一任印度女皇呢！」[1]

這天下午，女王預計前來城堡喝下午茶。這是一趟私人拜訪，一切從簡。卡爾一度想要召來媒體；貝特隆・維尼歐讓他打消此念頭。「這是一趟絕對私人的旅行，接待應該力求親切。」[2] 他解釋。

再說，女王陛下抵達拉格斐城堡的路線也保密到家。

卡爾固然習慣與國王皇后們稱兄道弟，但是這次會面非同小可。「他感到受寵若驚。我有幫忙他做些準備，建議他可以聊聊花園啦、花朵啦、城堡啦，不要提到下一季作品……不過他原本就非常清楚這一切……」[3]

茶會之前，貝特隆・維尼歐對女王本人與卡爾拉格斐的作品，以及女王即將前來參觀的城堡歷史，全都做過一番功

課:「她對城堡和教堂的建築興趣濃厚。這份愛牽起她和法國之間的連結。」[4] 然而她不知道自己只會看見大田野城堡的外部、牆面，以及庭園。

　　卡爾在柵欄前方等待。不消一會兒，原野遠方出現一小隊人馬。「女王駕臨的陣仗總是有點驚人。六、七輛汽車，警察、重機警察……全副武裝。下車的是永遠的英國女王。」[5] 年近九十，伊莉莎白步下黑色戴姆勒（Daimler）汽車。貝特隆・維尼歐為女王引見卡爾，卡爾依照國際禮儀向女王行禮。事不宜遲，他立刻領女王參觀庭園，介紹噴水池、花朵、迷宮，還有他最喜歡在午餐後散步的小樹林。潘赫耶似乎也迷倒了女王。要不是女王因為初來乍到感覺有點不自在，或許她會說彷彿在玫瑰花框的畫作中散步呢。小徑引領他們走向長桌，當地政府官員正等待傳統英式禮儀，也就是下午茶。幸好女王沒有表現出想看看城堡內部的意思。

　　對話在瓷杯前繼續。伊莉莎白很關注古蹟議題，看到大田野的城堡和庭園保存得這麼好，讓她很高興。

「突然間，」貝特隆・維尼歐描述：「這片晴朗無雲的天空刮起一陣強風，轟隆一聲巨響吹跑了遮陽傘。保全人員全都跳起來，大家心想，這絕對是災難一場。」[6] 所有的人都驚慌失措，除了伊莉莎白，仍繼續聊天，好整以暇地坐著。遮陽傘終於裝回去，女王開玩笑地為這場突發事件起立致敬時，人們也終於安心了。接著伊莉莎白離開了。「我非常確定，對女王而言，這絕對是難忘的回憶。」[7] 貝特隆・維尼歐肯定地說。卡爾一度微微發抖。他似乎很欽佩九十歲的皇室成員的沉著鎮定：不過這也不是很驚人的事。她見識過二戰期間的倫敦大轟炸呢，什麼都嚇不了她的。

　　二十年前，卡爾的母親過世後，他便疏遠了這座布列塔尼城堡。他搬進巴黎的私人公寓。然後又搬到其他地方，其他公寓，各種不同時期的風格和收藏，在巴黎和摩納哥之間兩地跑。

　　偌大的莊園交託給管理員夫婦琵拉（Pilar）和哈法艾（Rafaël）。但是他從未真正放棄最初的計畫，那也是賈克

的計畫。一間別館搖身一變成為巨大的藏書室兼健身房。卡爾想要完成這件事。或許讓這裡變成基金會。於是他找來建築師，想要加蓋一側，讓居住面積增加一倍。藍圖畫好了，模型也完成了。

　　雖然有這股新的衝動，事情終究沒有結果。這個計畫最後被他徹底拋到腦後。因為他的心思已經不在這裡。

註

(1)~(7) 出自與本書作者的對談。

冷宮裡的明星

　　他說，他最喜歡九○年代，這個交易龐大、全方位的通訊無所不在的時代：「人要懂得全球化。在家裡就能看見全世界。這對我來說剛剛好。即使沒人看見我的夢想，還是要全力以赴。如果別人的印象是錯誤的，那就算了。」[1] 不過事實卻和他的說法稍有出入。

　　因為這些年只有愈來愈黑暗。1997 年 11 月 22 日，France 2 電視臺的午間一點新聞專題報導，兩位服裝設計師被迫終止他們的部分職業生涯：克勞德・蒙塔那（Claude Montana）和卡爾拉格斐。「由於連續兩年的營業額約四千萬法郎（六百萬歐元），總計虧損近一億法郎（約一千五百萬歐元），經營 Lagerfeld 品牌的凡登集團（groupe Vendôme）決定結束營業，五十多人因而失業。」[2] 記者蘇

菲·梅澤（Sophie Maisel）表示。

　　十三年前創立品牌以來，卡爾拉格斐的同名品牌在各個經營者之間不斷易主：Maurice Bidermann、Cora-Révillon、Dunhill，然後是凡登集團。他卻繼續為康朋街的 Chanel 創造新氣象，情勢也迫使他這麼做：卡爾拉格斐本人的名氣尚未普及到市場上。「我看過 Karl Lagerfeld 所有的成衣系列。」嘉妮·薩梅強調：「真的非常漂亮，有很多黑西裝搭配白襯衫，是有點男性氣質的女人形象……而且他還有媒體資源。不過就是賣不好，客戶並沒有追隨他。彷彿 Chanel 扼殺了他。」[3]

　　他是否永生永世都要背負可可·香奈兒的形象？卡爾拉格斐很討厭當自己的老闆，因為這就像成為威權的真實化身。他需要像全然自由的設計師般思考。據他表示，KL 公司的擁有者才是該為失敗負責的對象。「他們不懂得像 Chanel 或 Fendi 那樣運用我，就是這樣。」[4]於是他甩掉合不來的集團，取回品牌。「好吧，那我就取回經營權，自己

和其他蒙地卡羅的公司交手，畢竟我已經成為蒙地卡羅公民十六年了。」[5]

隔年，他的品牌重獲新生，變成 Lagerfeld Gallery，在巴黎左岸中心的塞納街（rue de Seine）上開了一間店。這裡是販售點，也是卡爾世界的展示中心，在這裡發揚他的喜好品味與獨立性，展售衣服、物件與書籍。但是仍面臨同樣的問題：卡爾真的想要展示、操作自己的名字嗎？「大家只知道他是 Chanel 和 Fendi 的藝術總監。」文森・達瑞解釋：「對他而言同名品牌與其說是選擇，更像是義務。試裝時，他總是先到 Chanel，然後到 Chloé，最後才去 Lagerfeld。他跟我說他不喜歡自己的名字掛在店鋪上，他覺得很俗氣。總之，他不喜歡搞得很嚴肅。遊走在品牌之間對他來說有趣多了。」[6]

同一年凡登集團旗下的 Chloé 與他終止合約，更是雪上加霜。八〇年代初期，卡爾離開 Chloé 接手 Chanel 時，情況並不是非常愉快。但後來，逐漸凋零的 Chloé 想要召回卡

爾。不過最後由保羅・麥卡尼的女兒，年方二十五的史黛拉（Stella McCartney）接手。

事業與私人關係的破局接踵而來。「卡爾再也不踏出家門。一如往常，他在家中不斷拍照，和同一個團隊、同一群人工作直到深夜。」[7]文森・達瑞憶道。他以衣物遮掩愈來愈肥胖的身形：眼鏡、折扇，還有愈來愈寬大的服裝。黑色反摺高領和深色服裝。「我開始穿 Matsuda、Comme des garçons，還有山本耀司。從 S 穿到 M，從 M 穿到 L，最後穿到 XL。」[8]

又一次，卡爾在書本中找到衰敗世界的意義。他很尊敬的法國詩人卡特琳・波茲（Catherine Pozzi）曾是保羅・梵樂希（Paul Valéry）的情人，他們分手後她飽受無邊無際的孤獨折磨。

其中一行詩句或許正呼應了卡爾心中的感受：「我的心已離開我的故事。」[9]賈克不在了，他的缺席逐漸蔓延。另一個來自畫家保羅・克利（Paul Klee）的句子也打動卡爾的

心，和波茲的詩句遙相呼應：「我曾經就是一切，備受愛戴，我嘗盡一切，而現在，我是冷宮裡的星星。」[(10)] 他將這句話視為格言。

卡爾比以往更加投入工作。畫圖、發表會、攝影，一個接一個，永遠不間斷，有如在傷痕上敷滿藥膏，直到再也看不見傷痕。他的頭髮白了，但是他也不染黑，反倒是撲滿爽身粉，強調白髮。他高高抬著頭，繼續向前走，將過去拋諸腦後。

經過七年的工程，他決定離開在賈克過世後於德國買下的華美別墅。

這棟具希臘神廟風格的別墅建於二〇年代，位在布朗卡內澤地勢高處，是卡爾兒時居住的街區。從寬敞的前梯拾級而上，抵達有前庭和柱子妝點的別墅正面，矗立著高牆，林木圍繞，從這裡能夠望見滑過易北河（Elbe）的船隻，但又不會被看見。他找回當年那個對自己的未來充滿信心的小男孩曾經歷的聲響與氣味。他會獨自一人，到街上的茶沙龍寫

信給友人。

他將這棟宅邸命名為「夾克別墅」（villa Jako），向賈克致敬。這棟別墅更像是個紀念堂，紀念他和賈克在一起的時光，以及生活在另一個時代，和他的國家與過去和解。他師法受到建築師布魯諾‧保羅（Bruno Paul）和瑞夏‧希默史密特（Richard Riemerschmid）影響的達姆施達特（Darmstadt）學院風格，這是德國在兩戰之間，也就是他成長時期的氛圍，但現已消逝——這一次他依然試圖重現之。不過他要重現的是雙親在他出生時曾生活其中的裝潢。他掛起長長的透明窗簾，裝飾手法很近似他的第一個家。

他在中歐家具上擺放奧圖和艾莉莎貝特的肖像，與賈克的照片並陳。他其實可以買回老家，或是巴特布蘭斯特的大宅，但是兩者都已經不在了。

這個重返過去的練習顯然並不容易。他只不過在這間房子裡睡過幾晚，有天晚上，透過輕飄飄的窗簾，卡爾說他聽見風中飄來父母的聲音，還有遠方船隻的警笛[11]。在華美

壯麗的維也納風格的客廳裡，突然間他感受到時光的流逝。要怎麼忘卻戰爭，找回那份他現在明白已永遠失落的夢想？唯有照片才能凝結這份渴望。因此他拍下多幀別墅的照片，賦予不朽的生命，然後離開。他是否永遠為祖國背負罪惡感？無論如何，和解是不可能的。離開「夾克別墅」的同時，他也永遠告別德國，或許有一天他會完成哀悼。

1999 年 6 月 21 日，他離開大田野城堡，也離開歷時二十五年完成的童年夢想。

他也把巴黎的家具賣掉。在巴黎，佳士得拍賣公司在馬提儂大道（avenue Matignon）上，以九間沙龍公開展示各種枝狀燭臺、天頂床、帶頂蓬的床、路易十五時期的花瓶，上百張座椅、大學街入口大廳的金色冥王雕像。289 件家飾家具很快便運往摩納哥，在卡爾決定籌劃的拍賣會上出售，這也是一時興起的念頭。初估共可賣得一億七千萬法郎（兩千五百萬歐元），最後差了兩千萬。當年媒體問他為何想要脫手他的日常家居用品。「卡爾拉格斐在拍賣後保持沉默。

不過他之前曾辯解說他厭倦路易十五和路易十六，想要轉而嘗試日式極簡風。也有另一個比較不浪漫的解釋，因為他必須補繳兩億法郎（三千萬歐元）的稅金。雖然他以摩納哥住民身分申報，但是法國政府（懷疑）他都在法國各地的住處生活。」[12]文森·諾斯（Vincent Noce）在 liberation.fr 上寫道。最後他和稅務處調解了結此事。[13]

大學街上的私人公寓改頭換面。少了之前的家具、紅色大馬士格絲綢、深色地毯，房間也輕盈起來。現在，一張桌子，一隻椅子，一張沙發就足夠了，完全符合基本生活所需。大面積的白令空間顯得潔淨。他著迷當代設計大師，如菲利普·史塔克（Philippe Stark）、布胡雷克兄弟（frères Bouroullec）、馬克·紐森（Marc Newson）。他減去肥肉，把體重留在過去。新的收藏、新的教條於焉成形，比以往更加極端。

他不僅告別大田野的古老岩石和啟蒙時代的巴黎裝潢，也梳理了思緒，選擇遺忘那些不願想起的回憶。

[1]Jean-François Kervéan，〈Je ne suis qu'un tueur à gages〉，《L'Événement du jeudi》，1997 年 12 月 4-10 日。

[2] 午間一點新聞，Sophie Maisel，France 2 電視臺，1997 年 11 月 22 日。

[3] 出自與本書作者的對談。

[4]-[5] 午間一點新聞，Sophie Maisel，France 2 電視臺，1997 年 11 月 22 日。

[6]-[7] 出自與本書作者的對談。

[8]Jean-Claude Houdret，Karl Lagerfeld，《Le Meilleur des régimes》，Robert Laffont，2002 年。

[9]Catherine Pozzi，〈Scolopamine〉，收錄於《Très haut amour》，Gallimard 詩集系列，2002 年。

[10]Anne-Florence Schmitt，Richard Gianorio，〈Je suis un mercenaire〉，《Madame Figaro》，2014 年 10 月 3 日。

[11] 《Le Divan》，Marc-Olivier Fogiel，出處如前述。

[12]Vincent Noce，〈Collection Lagerfeld: vente décousue〉，liberation.fr 網站，2000 年 5 月 2 日。

[13] 參照〈L'instinct de survie〉，Les visages de Karl Lagerfeld 5/6，Raphaëlle Bacqué 撰文，《Le Monde》，2018 年 8 月 25 日。

轉型

　　卡爾不喜歡回憶中的自己。「我心想：不行，我不想再當那個阿公啦！」[1] 他成為自己的鑑定員，嚴格地如此訓誡自己：「如果想要繼續做你正在做的事，那你就需要一個新造型。時代不同了，你也最好跟上腳步改變，免得變成自己的劣質複製品。全心專注在自己身上，努力節食。你想穿喜歡的衣服，但是你身材這麼差，那些衣服穿在你身上也不會好看。」[2]

　　法蘭西斯・菲柏記得這段難熬的過程：「卡爾體重過重，他因此很痛苦，他極度愛美的那一面飽受折磨。他愛漂亮的一面雖然引起某種形式的焦慮，但是也有尊嚴。無論如何，他都希望自己是體體面面的。」[3]

　　於是他來到十六區多芬門附近的法蘭德朗大道

（boulevard Flandrin）。尚－克勞德・烏德烈（Jean-Claude Houdret）是順勢療法師、藥草專家兼營養師，他在滿是藝術品的白色辦公室裡接待卡爾。英式木頭書架上是成排的皮革精裝專門書籍。卡爾坐了下來，面對留著褐色濃密小鬍子的醫師，鬍子兩端還翹起來。初次見面的氣氛非常愉快。「他對我說：『您好，醫師，我是您的前輩的患者。』我回答：『沒錯。而且您的病例都還在呢。』[4]」烏德烈描述。

接著卡爾拉格斐的眼神透過黑色鏡片，牢牢盯著他，問他是否知道他是誰。「其實我覺得有點丟臉；因為我把他和另一個設計衣服的人搞混了。」治療師坦承：「於是我對他說：『這個嘛，我知道您是很有名的服裝設計師，但是其實我並不認識您……』[5]」卡爾並沒有因此生氣或放下心防。他花了一些時間向醫生解釋。「他開始告訴我他的童年。」烏德烈回憶：「他跟我說他在德國北方出生，母親思想豐富又風趣，但同時又非常嚴厲，卡爾還是孩子時，他母親就把他當大人對待。接著他告訴我，他還去過巴黎……大約半個

小時後，他問我：『那您呢？您是誰？』因此我和他一樣，花了十幾分鐘描述我的人生。」[6]卡爾結束了會面。他希望思考一下再做決定。這次會面令醫生非常驚訝，因為與其說是看診，更像是朋友之間的聊天。

「他非常聰明，也很有經驗，因此也不輕易相信人。他自己知道，他與可能要治療他的人之間，必須要有友好且信任的連結。」[7]他解釋。

幾天後，卡爾再度來到法蘭德朗大道。這一次，他向尚－克勞德・烏德烈表示前來看診的原因。他感覺很不好，覺得自己過胖：「我感覺到這具有如鄉下公務員的身軀裡，裝著一個偉大的巴黎設計師的靈魂。」[8]然後下結論：「我希望您能幫助我，讓我的外表符合我真正的樣貌。」[9]治療師告訴卡爾，說他必須「把焦點放在飲食上」。他必須減去四十公斤。但是最初的十公斤將非常困難，烏德烈說：「我解釋哪些該做，哪些不該做。這些讓他覺得很煩，他要我去見他的廚師，向他們解釋。」[10]

2000 年 11 月 1 日，卡爾拉格斐開始井然有序的飲食計畫。他的廚師記下醫生指示的食譜。再也不能吃熱狗、可麗餅、香腸。卡爾嚴格執行，如他自己所言，變成「自我法西斯」[11]。「必須像對待剛入伍的新兵一樣對自己下指令，你既是軍官，也是士兵。」[12] 他想要不計代價達到目標。「那是他的普魯士靈魂：紀律，重點就是紀律，必且實踐規則。」[13]「例如，有時候他邀請友人到家裡吃晚餐，當大家大啖有醬汁的主菜、肥肝時，他的廚師會為他端上他的料理……他強迫自己遵守規則。」[14]

　　尚－克勞德・烏德烈敘述，有時候，他甚至還必須幫卡爾的過度嚴厲踩煞車：「說他準備餓死也不為過，但這完全不是我們要的，也沒有必要，這完全不是該做的事。」[15] 早上 8 點吃早餐，下午 1 點吃午餐，晚上 8 點吃晚餐。早上只是兩片麵包和半個葡萄柚。晚上吃四季豆和水煮蛋。外加些許營養品。有時候他甚至吐掉幾口食物……「這樣就能品嘗味道，又不會吃進熱量。」[16] 一週三次重量訓練，一次

十五分鐘。他盡可能避免旅行和到城裡用餐。「他邀請我一起吃午餐時，但他自己已經事先吃過午餐了。……桌上的食物他碰也不碰。」[17]「食物對他來說沒有任何益處。事實上，卡爾並不愛吃。他整個人的態度和個性，都證明他是一個對生活沒有興趣的人。」[18]嘉妮·薩梅回憶。

按照這個節奏，減肥計畫的效果好得不得了。卡爾開心地寫短信給烏德烈醫師，像是「我又瘦了好多。」十三個月內，他就減去四十三公斤；有點太多了。有些人當然會說卡爾很病態，有些人則說他去抽脂。那當然是不可能的，因為他一想到手術就討厭，隨八卦去說吧。他現在很愛說自己總算是衣架子了。「對我們記者而言，這樣拍他開心多了。」時尚記者薇薇安·布拉瑟（Viviane Blassel）說：「卡爾很滿意自己的樣子。我們都感覺到，他很快樂，而且那個樣子也很適合他。」[19]

卡爾拉格斐拋開那些寬大的日本設計師服裝，開始嘗試纖瘦身材才能穿得好看的的緊身衣和配件。烏德烈也參與了

服裝轉型：「我看著他穿牛仔褲、超大的腰帶頭、琳瑯滿目的戒指、骷髏頭……」[20]「讓他最開心的是，」烏德烈說：「他徹底瘦下來了，甚至穿得下連小他三十歲的助理都穿不下的衣服。」[21] 有一天，卡爾穿著 Dior 新任藝術總監設計艾迪·斯里曼（Hedi Slimane）最知名的收腰窄身外套前來看診，他開心地說：「您看看我現在穿什麼！」[22] 醫生回憶道。

卡爾的內心似乎重新燃起火焰。文森·達瑞也發現了這一點：「突然間，他的生活改變了，他開始重回派對、回到餐宴上。」[23] 他有了新的圈子，跟艾迪·斯里曼一起。卡爾身邊圍繞著年輕人，在他家辦派對。他還送尚－克勞德·烏德烈一幅圖畫，上面畫著自己從胖變瘦，寫著「謝謝醫生」。

卡爾並沒有就此放棄他最大的興趣。他埋在書堆裡，試圖為藏書編纂目錄，以免愈來愈驚人的藏書數量增加太快。只要他有空，就會花時間閱讀。除了布胥耶（Jacques-Bénigne

Boussuet）和聖西門（Claude Henri de Rouvroy，常簡稱為 Henri de Saint Simon），他也讀韋勒貝克（Houellebecq）或歐洲漫畫。雖然他關在自己的小世界裡，卻不想錯過世上任何事。他也熱愛最流行的科技新品，並在走秀的最後猶如模特兒般走向伸展臺，向來賓分享他驚人轉變的祕方。他的轉變成為眾人之間的八卦，人人都在談論。這件事正好可以用來隱藏他嚴肅的一面。「我不希望大家認為我就是表面上看起來的樣子，因為這樣太無聊了，而且太做作了。」[24] 他在與貝納‧彼沃（Bernard Pivot）的訪談中坦誠，後者試圖理解這個男人在充滿文化氣息與上流社會的膚淺表象之間的差距。

「卡爾不僅是做高級訂製服的男人，更是擁有高級文化水準的男人。」[25] 愛書成痴的文化觀察家丹妮艾兒‧希莉安－薩巴提耶（Danielle Cillien-Sabatier）下了精準註解。

全新配件和皮製無指手套再也不離手。在他身上，歲月似乎不再留下痕跡。每天早晨，在全白的臥室、浴室與衣帽

間之間，他花費數小時，為他幾乎以精神分裂的方式稱為「傀儡」的自己著裝準備。乳液、洗髮粉、馬尾、墨鏡、白色高領襯衫、收腰外套、戒指、別針、鏡子。一成不變的儀式，消磨時間，日日打造盔甲，讓他可以再次不帶情緒地面對無情的世界。一如既往，所有的安排都經過深思熟慮。卡爾拉格斐將之理性化，引用他最喜歡的電影之一，《卡里加利博士的小屋》（*Le Cabinet du docteur Caligari*）──令人不安的夢遊者的故事，對卡爾而言，他既是傀儡，也是自己的操偶師。

肉體受靈魂支配，靈魂則由僵挺的肉身支撐，以免流露任何情緒，或過度感情用事。他對掌握一切的需求找到新的，或許也是最極端的模式。

身體上，卡爾表現出他消化了「失去」。美學上，他展開白色時代。但是祕密的絲線連結起傀儡和一段很久以前的過去，卡爾的過去。事實上，他將一直以來打造品牌的方式應用在自己身上。他將各個重要時期的裝扮融入他的盔甲：

六○年代就開始配戴的墨鏡、受十八世紀影響的白色馬尾、又高又挺的白色領子令人想起他母親最崇敬的人物——瓦爾特·拉特瑙和凱斯勒伯爵，但最重要的是既不退流行又帶有賈克·巴雪時期的時髦。卡爾拉格斐大方承認：他的角色並不是憑空打造，而是一連串的變革。說到底，他的外表洩漏了他對從未忘懷的時代低調而堅持的忠貞。只要他能夠賦予美感，他的過去就能夠存在。雖然乍看他是一夕之間愛上當代設計，事實上並非如此。早在完全轉向裝飾藝術之前，大學街 35 號的公寓裡就擺滿六○年代的家具，像是客廳裡義大利設計師 Joe Colombo 的單人皮沙發。此外，所有近期出售的物件都沒有找到買主。藍色花瓶就乏人問津。「我決定還是留下它們，一定和現代裝潢非常搭調。」[26] 他如此宣稱。私人公寓並沒有淨空。他保持原貌，用來迎接客人。因此十八世紀並沒有全然消失。

他的孩提時代亦然。他在家中保存了孩提時代，小心翼翼地重建出早年在德國的房間。

自從父親過世、母親來到法國後，這套布置跟著他換過一間又一間公寓，宛如他最私密自我的中心，是最深沉的身分認同中的盲點。「這個房間，他很少打開。」[27] 文森·達瑞說：「我們只對這個房間蜻蜓點水，因為一直看感覺有點不自在……裡面有一張小小的床頭櫃，上面放著蠟燭，一張很大的單人床。一切彷彿走進維克多·雨果的家……」[28] 他以前趴在上面畫畫的小桌子和椅子也在房裡。有時候，他會坐在床上片刻。「我不敢想像他在想些什麼。」文森·達瑞繼續說：「或許這裡就像他的減壓室，或許他在這裡會變回孩子，或許會浮現那些他不允許自己在白天有的念頭。」[29] 不需要讚嘆或問卡爾如何詮釋他對這份童年的奇異的連結。

「卡爾真的很瘋狂，他讓最奇妙的事情顯得再平常不過。」[30] 前任助理文森·達瑞說：「卡爾很反對精神分析，因為他自己就很擅長分析。他非常清楚如何表現得滴水不漏。」[31] 卡爾完全不需要躺在沙發上和精神分析師長談。

這份反對佛洛伊德學說的遲疑背後，隱藏著個人的恐懼。當他被詢問到這類議題時，回答幾乎總是一樣的：「佛洛伊德的學生露·安德烈斯·薩勒梅（Lou Andreas-Salomé），在一封寫給愛人——詩人里爾克（Rainer Maria Rilke）的信裡，提到關於精神分析的事：『絕對不要做精神分析，那會殺死你的創造力！』[32]」對於想要繼續從事創作的人而言，躺上長沙發未免太過冒險。因此卡爾拉格斐的創作屈服在他對精神的掌控下。換句話說，即使潛意識真的存在，也沒有那麼神祕。「我母親常說，如果人對自己誠實，就會很清楚問題和答案。我呢，我根本不問自己問題。」[33] 他的力量如此強大，揮揮手就能甩開精神分析，在訪談中不斷援用他一生中最重要的女性的話。

註

(1)Pepita Dupont，〈Karl Lagerfeld: Le plus coûteux, ce sont toutes les crèmes que j'achète pour que ma peau ne ressemble pas au plissé d'une robe de Fortuny》，《Paris Match》，2002 年 11 月 21 日。

(2)Jean-Claude Houdret，Karl Lagerfeld，《Le Meilleur des régimes》，出處如前述。

(3)-(8) 出自與本書作者的對談。

(9)《Un jour, un destin: Karl Lagerfeld: être et paraître》，出處如前述。

(10)-(11) 出自與本書作者的對談。

(12)Jean-Claude Houdret，Karl Lagerfeld，《Le Meilleur des régimes》，出處如前述。

(13)《Un jour, un destin: Karl Lagerfeld: être et paraître》，出處如前述。

(14) 出自與本書作者的對談。

(15)Marion Ruggieri，〈Karl Lagerfeld présente sa nouvelle ligne〉，《Elle》，2002 年 11 月。

(16)Jean-Claude Houdret，Karl Lagerfeld，《Le Meilleur des régimes》，出處如前述。

(17)《Un jour, un destin: Karl Lagerfeld: être et paraître》，出處如前述。

(18)-(19) 出自與本書作者的對談。

(20)《Un jour, un destin: Karl Lagerfeld: être et paraître》，出處如前述。

(21)-(22) 出自與本書作者的對談。

(23)《Un jour, un destin: Karl Lagerfeld: être et paraître》，出處如前述。

(24)Double je，Bernard Pivot 製作，Bérangère Casanova 執導，出處同前述。

(25) 出自與本書作者的對談。

(26)〈Karl Lagerfeld ravi de sa vente〉，未署名文章，liberation.fr，2000 年 5 月 4 日。

(27) 出自與本書作者的對談。

(28)《Un jour, un destin: Karl Lagerfeld: être et paraître》，出處如前述。

(29)-(31) 出自與本書作者的對談。

(32)-(33)Anne-Cécile Beaudoin 和 Élisabeth Lazaroo，《Karl Lagerfeld, l'etoffe d'une star》，出處如前述。

親民貴公子

卡爾拉格斐透過全新打造的角色，更加獨樹一格。精練的黑白造型使他成為活生生的商標。他以將公式化的方式簡單解說：「年輕時，我想要成為諷刺畫家。最後我自己成了一幅諷刺畫像。」[1] 他不再活在香奈兒女士的陰影下。曾幾何時，卡爾拉格斐瘦長的身影開始出現在巴黎街頭的巨幅海報上，然而人們對這個身影預示的革命尚渾然不知。

2004年11月12日早上，各個新聞臺都出現同樣的畫面：數以百計的人們在成衣品牌 H&M 的門口大排長龍。這個瑞典品牌選擇卡爾拉格斐做為知名設計師聯名系列的第一彈。他設計了三十餘件「收藏級」單品。店門一開，顧客便蜂擁而入。我們目睹有如換季折扣首日衝向貨架的瘋狂畫面。十幾歐元就能買到拉格斐的衣服，這可是千載難逢的機會。比

起服裝設計師，媒體現在更像是把他塑造為藝術家，購買他設計掛名的衣服，就是一種擁有他的藝術品的方式。

　　經過這次行銷操作，某些東西改變了。過去大眾總認為卡爾拉格斐高不可攀，一夜之間他卻變得親民多了。安妮塔‧布莉耶評估這個改變：「我是布根地人。每次我回布根地，聊天的時候大家總是說：『嗄？卡爾拉格斐？誰啊？』但是我跟你們保證，從那天開始，大家都對我說：『喔對！那個綁馬尾的，H&M那個！』簡直是爆炸性的改變……」[2]

　　卡爾再次抓住了時代的脈動，而且如魚得水：六、七〇年代高不可攀的搖滾明星現在變得親切又迷人。像父親，像大哥哥，也像理想的朋友。無論在巴黎、米蘭，還是杜拜，他走在街上就會被人群包圍。「小孩簡直對他瘋狂著迷，他們全部都想跟他拍照、要簽名。」艾維‧雷傑描述：「他也很配合，滿足於取悅年輕人，一邊說：『跟我同年齡的人都討厭我，至少這些年輕人很喜歡我。』[3]」他不厭其煩地說，在巴黎散步時，郊區的年輕人會攔住他。他們愛死卡爾了。

記者爭相討論他的「卡語錄」，而這正是他的目的。他對自己毫不留情的嘲諷次次都效果絕佳，例如他說：「我是一株綠色植物。我可沒說是漂亮的植物。」[4] 隨著政治正確的風氣高漲，他的言論立場反而更加百無禁忌，打破傳統。不過也引來相關的不滿聲浪。秀場上骨瘦如柴的模特兒？「沒人想在秀上看到豐腴的女人。那些肥女人坐在沙發上抱著一包洋芋片，一邊看電視批評模特兒太瘦，真是難看極了。時尚就是要給人夢想和幻覺啊。」[5] 動物為了皮草遭受虐待？「貂是討厭人類的險惡畜生。」[6] 他的口中吐出各種驚世駭俗的話語。人們節錄收集他的「名言」。在這些字句背後，彷彿聽見艾莉莎貝特在說話，因為她也不太「政治正確」。

　　在幕後，記者們在卡爾的私人沙龍中驚訝地發現，私底下的他非常親切，毫不做作，迷人又細心。

　　卡爾會親自寄送附上小卡片的大花束答謝記者。他也很喜歡送禮物。「某天晚上我到他家採訪，當時已經很晚了，

沙發上放著一個 Chanel 的小包包。他對我說：『布拉瑟女士，我不知道那個包包怎麼會在那裡……』然後他就這樣把包包給我了……這就是他的優雅之處。他不需要收買記者。然而，他很知道如何討人歡心，受人喜愛。」[7] 在冰冷的時尚大帝的面具之下，事實上藏著一位極度貼心溫柔的人。「卡爾非常有禮貌，總是充滿紳士風度，很注意其他人。他是很善良的人，不光在金錢上，更在精神上幫助了許多人，但總是為善不欲人知。他也很擅長讓人在認識他之後，感覺自己更聰明了。他總是知道如何激起他人的好奇心，他喜歡能夠激盪出火花的對話，和他在一起就像打乒乓球：一定要夠機靈敏捷才行。他真的是少見又迷人的人啊！」[8] 佩琵塔·杜彭表示。

採訪的時候，他會讓對方沒有機會追問。「他回答問題的方式有如連珠砲，你根本沒有時間問更多。」薇薇安·布拉瑟形容：「他總是為訪談畫下句點的那一方。他知道如何讓我們落入圈套。但是我們很樂於落入他的圈套……」[9]

一如電影《大國民》（*Citizen Kane*），卡爾也會劃定他的地盤。不允許任何越界，禁止進入。他身旁的人們也很尊重他的保護機制。「何必要知道他對您隱瞞了什麼，他不想讓您知道什麼呢？」雀絲卡・伐洛瓦訝異地說：「我們從外面看著他時，我們注意的只是這位我們有幸接近的男人，無論他說什麼我們都喜愛他。我很喜歡圍繞著卡爾的謎團，並不想全盤釐清了解。他向我們展現的已經夠豐富了。」[10]

少數的人認為，卡爾的言論聽起來就像在「說故事」。打從六〇年代末，最早的採訪開始，他的回答只是更加精煉，幾乎沒有改變任何關於他個人的過往，總是建立在德國北方的迷濛薄霧以及說話刻薄卻教養有方的母親上。「我想他口中那個自私嚴厲的母親形象一定不是真的。」嘉妮・薩梅繼續說：「他自己寫了一個故事，所有他會受人指責的缺點，全都是他母親造成的。他小心翼翼地創造這個母親角色。而他從未談論母親真正的樣貌。他也不多談他的父親。」[11] 他自己承認傳奇是打造出來的，為了配合他現在

有點冷酷無情的形象。「我販售的僅是表象。」[12]卡爾如
此宣稱：「我的人生就像科幻小說。無論如何，人們認知中
的我，和真實的我之間的差距，就屬於科幻小說的範疇。事
實是另一回事……而且無趣多了。」[13]長久以來，賈克・
巴雪的故事一直是不可談論的禁忌。漸漸地，某幾道牆消失
了，融入整體。「卡爾如小說般打造自己的傳奇。」帕特里
克・烏卡德表示：「一切都不假，一切都經過深思熟慮……
他將想像力發揮到極致，」他繼續說：「時尚只是一個藉口，
卡爾拉格斐就是他品牌公關形象最精煉的化身。」[14]

　　他的生日，就是這個微妙的捉迷藏遊戲的最佳例子。關
於這個話題，卡爾拉格斐可是製造謎團的專家：「哎唷，生
日真是太可怕了。無論如何，我絕對不是 9 月 10 日出生的。
至於是 1933 年還是 1938 年……我的年紀由我決定。我是跨
世代的人，因此我的年紀不重要，我不受年紀的約束。就是
因為這樣，我沒有任何競爭者。」[15]

　　他的公關部對外發表的出生年份是 1938 年。有些人說

是 1933 年。卡爾於是丟了煙霧彈：「在兩者中間，1935 年。我的母親改過出生日期。因為 3 或 8 比較好寫……我是在她過世後才知道的，而且完全搞不懂她為何這麼做。那是一段和我們無關的人生的情勢。」[16] 雖然出生年並不重要，它最終還是變得重要了。「他很快就了解到必須打造一個形象，而且要有神祕感，才能令人嚮往。」荻安・波沃－珂容解釋：「而且沒有人認真想知道卡爾拉格斐是誰。如果他像一本攤開的書沒有祕密，那多無聊啊。因此他模糊焦點。這一切都讓他覺得很好玩，而且效果也很好。」[17] 卡爾是轉移焦點的魔法師，讓觀眾忽視不該被看見的事物。

註

[1] Guillemette Fautre，〈J'y étais…à la master class de Karl à Science Po〉，《M Le magazine du Monde》，2013 年 11 月 29 日。
[2] 《Un jour, un destin: Karl Lagerfeld: être et paraître》，出處如前述。
[3] 出自與本書作者的對談。

(4)Aurélie Raya 和 Caroline Tossan，〈A star is Karl〉，《Paris Match》，2007年9月9日。

(5)-(6)Jean-Christophe Napias 和 Patrick Mauriès，《Le monde selon Karl》，出處同前述。

(7)-(11) 出自與本書作者的對談。

(12)Christophe Ono-Biot，《La vie selon Karl Lagerfeld》，出處同前述。

(13)Jean-Christophe Napias 和 Patrick Mauriès，《Le monde selon Karl》，出處同前述。

(14) 出自與本書作者的對談。

(15)Sylbia Jorif 和 Marion Ruggieri，〈L'homme sans passé〉，出處如前述。

(16)Anne-Cécile Beaudoin 和 Élisabeth Lazaroo,《Karl Lagerfeld，l'etoffe d'une star》，出處如前述。

(17) 出自與本書作者的對談。

獨角戲

　　2008 年 6 月 5 日，大螢幕下的圍欄後方聚集大批人潮。法國總統尼可拉‧薩科奇（Nicolas Sarkozy）和他的妻子卡拉‧布妮（Carla Bruni）、貝娜黛‧席哈克（Bernadette Chirac）、貝特隆‧德拉諾耶（Bertrand Delanoë）、 菲德烈克‧密特朗（Frédéric Mitterrand）、范倫鐵諾（Valentino）、約翰‧加里安諾（John Galliano）、索妮雅‧莉基爾（Sonia Rykiel）、貝納－亨利‧雷維（Bernard-Henri Lévy）以及亞莉葉‧朵巴絲勒（Arielle Dombasle）一個個向皮耶‧貝爾傑致意，然後步入巴黎的聖洛克教堂（église Saint-Roch）。伊夫‧聖羅蘭過世了，他的棺木受到群眾不斷的掌聲。

　　教堂裡，薇克朵亞‧杜特洛坐在 Dior 那一排。她正在用眼光四處搜尋朋友。「我沒有在葬禮上看見卡爾。他有收

到告別式的卡片嗎？我什麼都不知道。」[1]

卡爾極可能沒有收到任何邀請函。即便如此，他還是會來嗎？事實上，卡爾就在不遠處，正在聖吉雍街（rue Saint-Guillaume）的辦公室裡工作。

無論如何，他討厭葬禮是眾所皆知的事。在葬禮上缺席，是他與聖羅蘭的競爭關係的最後一舉。在這個時候刻意拉開距離，他心中真正的感受是什麼？他和伊夫・聖羅蘭初相識的記憶想必湧上心頭吧。那些年，他們無憂無慮，伊夫坐在他的敞篷車上，他一副老巴黎的樣子，帶著剛從阿爾及利亞來到巴黎的伊夫參觀這座城市⋯⋯在皮耶・貝爾傑還沒打入他們的圈子時，在他家的徹夜長談⋯⋯那些年，或許他會追憶那些年，但是毫不留戀往後的日子。

賈克・巴雪貿然闖進敵對的圈子時，他和聖羅蘭先是爆發了無聲的競爭，然後轉變為劍拔弩張的戰爭。「那是他最大的競爭對手。時裝週的時候，Chanel 的敵手是 YSL，而不是 Dior。」嘉妮・薩梅回憶：「YSL 才是卡爾最大的競爭對

手，要擊敗的敵人。」[2] 即使有機會抨擊昔日好友時，卡爾也從未吐露過心聲。2002 年，某位記者問他，對聖羅蘭結束職業生涯的決定有何看法：「說真的，我不在乎……時代本身一直在變，並不會因為某人停下腳步，就改變了時代。該有的都有，大家沒有什麼損失。但是我認為 YSL 很幸運能夠請到湯姆·福特（Tom Ford），而且他做得非常非常好，成衣的形象很鮮明。湯姆，幹得好。」[3] 卡爾拉格斐向成為 YSL 新任設計師的湯姆·福特致意的同時，也提前埋葬了舊日好友。這僅是他對伊夫的直接批評的反擊之一。嘉妮·薩梅還記得伊夫在某次訪談中對她說：「有天晚上我做了一個很奇怪的夢。我夢到和可可·香奈兒在巴黎散步。突然間我們就站在康朋街的櫥窗前，然後我和她，兩人盯著櫥窗，哭了起來。」這豈不是美妙又詭異地嚇人嗎？」[4]

伊夫死了，卡爾還活著。他和老友事業剛起飛時，去算命的那天，那位占卜師的預言都一一實現了。伊夫一夜之間成功，大鳴大放，卡爾則是大器晚成型。她還說了一些「例

子」、一些「大量增加」……成衣工業展開後，湧入大批新訂單。各式各樣的品牌都求助於卡爾的才華。他設計建築空間、眼鏡、月曆，為字典畫插圖，發想廣告腳本，還為知名熟食店設計聖誕節的木柴蛋糕。他成立出版社，還開了自己的書店。他為電影設計劇服，為舞臺劇設計布景，日以繼夜地工作。同時間，他也繼續為 Chanel、Fendi 還有他自己的品牌工作。

各種物品上都有他的形象。他為公路安全穿上黃背心拍照，為動畫或電玩人物配音，在電視上評論皇室婚禮。他甚至在尚‧羅許（Jean Roch，法國歌手）的《Saint-Tropez》音樂錄影帶中客串上帝。他同時間操縱許多傀儡。

左岸聖傑曼大道上，距離他的辦公室不遠處，他的同名品牌商店展售各式各樣新產品，上面都是他的肖像。如廣告上所說，卡爾的肖像代表「卡爾拉格斐的一切特質：歷久彌新、諷刺、精練，而且很酷」。每天他的自有品牌都會發表與某大品牌的聯名設計。他為 Chanel 發表會設計的壯觀布

景有如「乍現藝術」（happening），年年令人引頸期盼。全世界都會看到他。他為克里翁飯店（le Crillon）設計兩個套房——是他七歲的時候夢想入住的房間，因此獲得巴黎市金獎章（Grand Vermeil de la ville de Paris），他比大皇宮玻璃屋頂下重現的巴黎鐵塔更具象徵性。

對他來說，時尚曾是實現遠大願望的手段，他也從未偏離孩提時代的願景——畫出自己的故事，成為現代的法國貴族。「他本人的光芒太耀眼，甚至蓋過了設計師的身分。他的職業就是當一具洋娃娃。」[5]譚‧吉迪切利表示。

當年在遺世獨立的鄉間靜靜畫圖的德國小男孩，如今成什麼模樣？說到底，人生在他身上留下多大的傷痕，他要花這麼長的時間才得以撫平？「他一直保持自己的樣貌。」薇克朵亞‧杜特洛說：「他愛過的、他恨過的一切，在他身上都不留下一絲痕跡。」[6]

註

(1)-(2) 《Un jour, un destin: Karl Lagerfeld: être et paraître》，出處如前述。

(3) 電視新聞，Xavier Collombier，Midi Paris Île-de-France，2002 年 1 月 22 日。

(4) 《Un jour, un destin: Karl Lagerfeld: être et paraître》，出處如前述。

(5)-(6) 出自與本書作者的對談。

不留痕跡

　　卡爾是沙特的《詞語集》（*Les Mots*）的忠實讀者，他很久以前就知道，一切都源自童年。而所有的事情也會指向童年。「有一天，我會變成一個小老頭，那時候我已經彎腰駝背，跟我的沙發、五斗櫃、椅子、我用來書寫畫畫的桌子一起過活⋯⋯我會睡在童年的床上。牆上掛著同樣的畫。媽媽是否為了不想見到那些畫而把它們掛在我房間，一點也不重要。我沒經歷過沒有畫的生活，我有生以來一直有畫相伴。這是很孩子氣，近乎感情用事的堅持。」[1]

　　那時，滑過塞納河的遊船的燈光，完全不敵卡爾拉格斐位於伏爾泰河岸的新公寓整夜的燈火通明，連陰影都變淡了。

　　還有一件事表現出他的念舊：卡爾現在的住處，距離早

年初抵巴黎的公寓只有幾個門牌之遙，就在華格納和奧斯卡·王爾德長眠，以及波特萊爾寫下《惡之華》的私人公寓不遠處。

　　夜裡，有另一個卡爾，他畫圖和睡覺都穿著長長的白襯衫。這個卡爾，只有貓咪舒蓓特認識。唯有她才能窺見這個不喜歡被驚擾的男人最細微的一面。「他對我說，上床睡覺之前，他會非常仔細地梳頭髮，換上最乾淨漂亮的睡衣，以免他在睡夢中死去，至少被人發現時仍保持體面。」[2] 年輕時代的好友法蘭西斯·菲柏吐露。

　　為了讓傳說成為神話，為了掌握一切直到最後，為了讓祕密永遠不為人知，他也打算像艾杜瓦·凱澤令男爵一樣，燒毀所有證明他曾經存在的文件和證據。他希望自己的骨灰與賈克和他的母親一同長眠。「賈克的骨灰和我母親一起，放在祕密之處。有一天我會加入他們。但是我不想要葬禮，什麼都不要。某一天我來到世上，然後有一天我將會離開。無論人們說什麼，都不是什麼迫切的事。」[3] 他就像叢林裡

的動物，為了藏身而抹去蹤跡，不希望被找到。最後他將只留下一道筆畫，一個輪廓。誰會是卡爾拉格斐的接班人？目前他尚未指定任何人，接手他在康朋街的位置。或許眾多設計師需要擁有和他並駕齊驅的工作能力、意志力，還有才華。從來不想要小孩的他，會有繼承人嗎？「我最害怕的事，」他常常說：「是我聽來的某句話：『一個父親一生中最美好的時刻，就是當他發現自己的兒子很平庸。』是我的話，我可不會太開心。」[4]誰將繼承他的財產？是舒蓓特嗎？那隻如他常說的，有如他的延伸的貓？她確實擁有自己的銀行帳戶，裡面存滿她拍照賺來的錢，而且大多是由她的主人掌鏡……或者是他親近的友人？那會是誰？畢竟他說他已經沒有家人了。如同他一生的布景，他總會精挑細選，建立小圈圈，寧願選那些「心有靈犀的寵兒」，而不是毫無選擇的連結。那些心靈相通的人們中，包括模特兒布萊德·克洛尼格（Brad Kroenig）的兒子哈德森（Hudson），後來成為卡爾的教子，他們總在發表會結束後手牽著手走向臺前謝

幕。小男孩到巴黎旅行的時候，會要求住在麗池飯店。「他說過：『我不要去莫里斯（le Meurice），那裡沒有游泳池。』有人跟他說：『但是麗池貴很多！』『聽著，我會付差額。』才八歲的孩子呐⋯⋯」[5] 卡爾在電視機前講起這段軼事時，態度帶著一絲驕傲：或許這件事讓他想起當年那個小大人般的自己，他也從來天不怕地不怕。

註

[1]Colombe Pringle，〈Je déteste les riches qui vivent au-dessous de leurs moyens〉，《L'Express》，1999 年 11 月 11 日。
[2]《Un jour, un destin: Karl Lagerfeld: être et paraître》，出處如前述。
[3]Marie Ottavi，《Jacques de Bascher, dandy de l'ombre》，出處如前述。
[4]Marianne Mairesse，〈Le petit monde de Karl Lagerfeld〉，出處如前述。
[5]〈Habillées pour l'hiver 2018〉，Mademoiselle Agnès 主持，La la la productions 製作，Loïc Prigent 導演，Canal + 電視臺，2017 年 5 月。

後記

　　1884 年，賈克‧巴雪最鍾情的作家喬若斯－卡爾‧于斯曼在《逆流》（*À rebours*）中描寫主人公德澤森特：「他在里沃利街上，站在《加里納尼郵報》前。兩個大櫥窗裡塞滿書本，由一扇毛玻璃門隔開。玻璃門上貼滿手寫說明，還裝著一片看板，框起剪報和藍色的電報條。」[1] 將近一百三十年後，卡爾拉格斐就像德澤森特，站在他常光顧的英文書店的櫥窗前。

　　推開玻璃滑門後，他只需鑽進書架間，直接查看那些書店特別為他保留的書──與他相熟的書店老闆會將他可能有興趣的書放在一個專門的抽屜裡。他推起墨鏡，有時能看見他小心翼翼地翻閱這些書籍。「卡爾拉格斐對一切建構美的事物都有興趣。」這家書店的店長丹妮艾兒‧希莉安－薩

巴提耶悄悄記下：「詩歌、經典英國文學、當代美國小說、政治論文、歷史、建築、十八世紀的裝飾藝術和維也納工作室（Wiener Werkstätte）、攝影、各式各樣的時尚……他就是尼采口中愉悅的知識的完美寫照。」[2] 一如往常，同樣的書他會一口氣買好幾本。書店店員都知道，他會仔細列出書中錯誤，經常回到書店和他們討論。

踏出書店時，他偶爾會在拱廊下駐足片刻。那條街再往下走，就是當初父親帶他去買襯衫的店，Hilditch and Key，後來他成為這家店最忠實的客戶。里沃利街的另一頭，202號，就是賈克·巴雪曾住過的公寓，可以看見杜樂麗花園，賈克在那裡度過人生最後的光陰，1989年他過世後，房子裡不曾有過任何變動。卡爾甚至繼續支付房租。這又是一則某些圈子裡流轉的傳說。卡爾是否仍持有這個地方的鑰匙？他是否像八〇年代初期，為了完成第一個設計系列而偷偷溜進康朋街的香奈兒工作室，也在夜裡悄悄走進這裡呢？

即使問卡爾拉格斐也是徒勞。他只會把這個故事當成毛

線球般纏繞把玩，不是全力否認，就是讓這則故事成為另一個傳說。

　　座車一如往常地等著他，然後他手裡抱著書，在散發金黃光芒的路燈下坐進車裡。大家都知道他總是很從容。顯然，巴黎絕對是全世界最美麗的城市。

註

[1]Joris-Karl Huysmans，《À rebours》，Gallimard 出版，經典文學系列，1977 年。
[2] 出自與本書作者的對談。

參考資料

書籍

Laurence Benaïm 著，《Yves Saint Laurent》，Grasset 出版，2002 年

Werner Busch 著，《Menzel》，Hazan 出版，2015 年

Victoire Doutreleau 著，《Et Dior créa Victoire》，Le Cherche Midi 出版，
2014 年

Alicia Drake 著，《Beautiful People》，Denöel 著，2008 年；Gallimard
出版，《Folio》系列，2010 年

Jean-Claude Houdret 著，《Le Meilleur des régimes》，Robert Laffont
出版，2002 年

Patrick Hourcade 著，《La Puissance d'aimer》，Michel de Maule éditeur
出版，2012 年

François Jonquet 著，《Jenny Bel'Air, une créature》，Pauvert 出版，
2001 年

Karl Lagerfeld 著，《A portrait of Dorian Gray》，Steidl 出版，2004
年；《Ein deutsches Haus》，Steidl 出版，1997 年 ；《Parcours
de travail》，Steidl 出版，2010 年 Antonio Lopez 著，《Instamatics》，
Twin Palms publishers 出版，2012 年

Alain Montandon（主編），《Dictionnaire du dandysme》，Éditions Champion 出版，2016 年

Philippe Morillon 著，《Une dernière danse? 1970-1980, Journal d'une décennie》，Édition 7L 出版，2009 年

Paul Morand 著，《L'Allure de Chanel》，Gallimard 出版，《Folio》系列，2009 年

Jean-Christophe Napias 和 Patrick Mauriès 著，《Le Monde selon Karl》，Flammarion 出版，2013 年

Marie Ottavi，《Jacques de Bascher, dandy de l'ombre》，Séguier 著，2017 年

Paquita Paquin 著，《Vingt ans sans dormir》，Denoël 出版，2005 年

Roger Peyrefitte，《Voltaire et Frédéric II》，Albin Michel 出版，1992 年

Anna Piaggi 和 Karl Lagerfeld 著，《Karl Lagerfeld: A Fashion Journal》，New York 出版，1986 年

Paul Sahner 著，《Karl》，mvg Verlag 出版，2015 年

Janie Samet，《Chère haute couture》，Plon 出版，2006 年

Peter Schlesinger 著，《A Chequered Past, My Visual Diary of the 60's and 70's》，Thames & Hudson 出版，2004 年

Elizabeth von Arnim，《Elizabeth et son jardin allemand》(1899)，Bartillat 出版，2011 年

Honoré de Balzac，《Béatrix》，Gallimard 出版，《Folio classique》系列，1979 年

Francis Scott Fitzgerald 著，《Gatsby le Magnifique》，LGF 出版，
1976 年

Joris-Karl Huysmans 著，《À rebours》，Gallimard，《Folio classique》
系列，1977 年

Joris-Karl Huysmans 著，《Là-bas》，Gallimard 著，《Folio
classique》，1985 年

Eduard von Keyserling 著，〈Été brûlant〉，收錄於《Œuvres choisies-
Histoires de château》，Thesaurus/Actes Sud 出版，1986 年

D. H. Lawrence 著，《Femmes amoureuses》，Gallimard 出版，《Folio》
系列，1988 年

Paul Morand 著，《L'Allure de Chanel》，Gallimard 出版，《Folio》系列，
2009 年

Catherine Pozzi 著，《Très haut amour》，Gallimard 出版，《Poésie》
系列，2002 年

Jean-Paul Sartre 著，《Les Mots》，Gallimard 出版，《Folio》，
1972 年

Evelyn Waugh 著，《Retour à Brideshead》，Robert-Laffont 出版，
《Pavillons poche》系列，2017 年

Oscar Wilde 著，《Le Portrait de Dorian Gray》，LGF 出版，1972 年

文獻

Dominique Brabec 撰文，〈Un dandy discret〉，《L'Express》，1972
年 4 月 10-16 日

Joel Stratte-McClure 撰文，〈What Karl Lagerfeld Finds in Creation？〉，

《Herald Tribune》，1979 年 12 月 14 日

Jacques Bertoin 撰文，〈Karl Lagerfeld, marginal de luxe〉，《Le Monde-dimanche》，1980 年 4 月 27 日

Hebe Dorsey 撰文，〈Chanel Goes Sexy〉，《International Herald Tribune》，1982 年 10 月 19 日

Gérard Lefort 撰文，〈Karl Lagerfeld, le tailleur Chanel〉，《Libération》，1984 年 1 月 24 日

Guillemette de Sairigné 撰文，〈Style: le prince Karl〉，《Le Point》，1987 年 1 月 12 日

Marie-Amélie Lombard 撰文，〈Karl Lagerfeld: ce que je pense d'Inès〉，《Le Figaro》，日期不詳

M. H 撰文，〈La guerre des boutons〉，《Le Figaro》，1988 年 7 月 21 日

Janie Samet 撰文，〈Porte ouverte... Chez〉，《Le Figaro》，1989 年 8 月 22 日

Françoise Lepeltier 撰文，〈Karl Lagerfeld: retrouver l'Europe des Lumières〉，《Le Figaro》6 décembre 1991 年 12 月 6 日

Michel Henry，〈Les jours et les nuits de Poulet-Dachary〉，《Libération》，1995 年 8 月 31 日

Colombe Pringle 撰文，〈Je déteste les riches qui vivent au-dessous de leurs moyens〉，《L'Express》，1999 年 11 月 11 日

Vincent Noce 撰文，〈Collection Lagerfeld: vente décousue〉，liberation.fr，2000 年 5 月 2 日

〈Karl Lagerfeld ravi de sa vente〉，無署名文章，liberation.fr，2000 年
　5 月 4 日

A.T. 撰文，〈DSK-Lagerfeld: présomptions de gros cadeau〉，
　《Libération》，2001 年 6 月 7 日

Pepita Dupont 撰文，〈Karl Lagerfeld: Le plus coûteux, ce sont toutes les
　crèmes que j'achète pour que ma peau ne ressemble pas au plissé d'une
　robe de Fortuny〉，《Paris Match》，2002 年 11 月 21 日

Serge Raffy 撰文，〈Karl le téméraire〉，《Le Nouvel Observateur》，
　2004 年 7 月 1 日

Françoise-Marie Santucci 與 Olivier Wicker 撰文，〈Lagerfeld, mercenaire
　de la provocation〉，2004 年 11 月 13 日

Marianne Mairesse 撰文，〈Le petit monde de Karl Lagerfeld〉，
　《Marie-Claire》，2005 年 7 月 1 日

Marie-Claire Pauwels 撰文，〈Karl le magnifique〉，《Le Point》，
　2005 年 7 月 7 日

Aurélie Raya 與 Caroline Tossan 撰文，〈A star is Karl〉，《Paris
　Match》，2007 年 9 月 9 日

Loïc Prigent 撰文，《Partir à Paris avec Karl Lagerfeld〉，《Air France
　magazine》，2007 年 12 月

Sylvia Jorif 與 Marion Ruggieri 撰文，〈L'homme sans passé〉，《Elle》，
　2008 年 9 月 22 日

Françoise-Marie Santucci 與 Olivier Wicker 撰文，〈Lire... la chose la plus
　luxueuse de ma vie〉，《Libération》，2010 年 6 月 22 日

Bayon 撰文，M Karl Lagerfeld, entre les lignes de Keyserling〉，
　《Libération》，2010 年 11 月 6 日

Virginie Mouzat 撰文，〈Un déjeuner chez Karl Lagerfeld à Paris》，《Le
　Figaro》，2011 年 8 月 20 日

Sylvia Joriff 撰文，〈Vis ma vie de Karl Lagerfeld〉，《Elle》，2012 年
　3 月 16 日

Cédric Morisset 撰文，〈Dans le vaisseau amiral de Karl Lagerfeld〉，
　《AD》，2012 年 6 月 5 日

Olivier Wicker 撰文，〈Karl Lagerfeld se livre. Une interview exclusive
　pour le magazine Obsession〉，《Le Nouvel Observateur》，2012
　年 8 月 23 日

Christophe Ono-dit-Biot 撰文，〈La vie selon Karl Lagerfeld〉，《Le
　Point》，2012 年 11 月 1 日

Anne-Cécile Beaudoin et Élisabeth Lazaroo 撰文，〈Karl Lagerfeld, l'étoffe
　d'une star〉，《Paris Match》，2013 年 4 月 25 日

Olivia de Lamberterie 撰文，〈Je sais dessiner, lire, parler, et c'est tout〉，
　《Elle》，2013 年 9 月 27 日

Guillemette Faure 撰文，〈J'y étais... à la master class de Karl à Sciences
　Po〉，《M Le magazine du Monde》，2013 年 11 月 29 日

Anne-Florence Schmitt，Richard Gianorio 撰文，〈Je suis un
　mercenaire〉，《Madame Figaro》，2014 年 10 月 3 日

Richard Gianorio 撰文，〈Karl Lagerfeld: "Je suis au-delà de la tentation"〉，
　《Madame Figaro》，Lefigaro.fr，2015 年 6 月 28 日

Loïc Prigent 撰文，〈Karl Lagerfeld, l'inoxydable〉，《Les Échos week-end》，2015 年 10 月 16 日

Élisabeth Lazaroo 撰文，〈Fendi et Karl fêtent leurs noces d'or〉，《Paris Match》，2015 年 7 月 8 日；〈Karl Lagerfeld: Brigitte Macron a les plus belles jambes de Paris〉，《Paris Match》，2017 年 7 月 21 日

影音

〈Karl Lagerfeld et Yves Saint Laurent jeunes couturiers〉，magazine féminin，Maïté Célérier de Sannois 製作，RTF 電臺，1955 年 1 月 7 日

〈Des dessous discutés〉，《Dim Dam Dom》，ORTF 電視臺，Rémy Grumbach 執導，Daisy de Galard 製作，1968 年 5 月 12 日

〈Mode: styliste Karl Lagerfeld〉，《journal de 13 heures》ORTF 電視臺，1970 年 4 月 27 日

〈Mode Chanel〉，《journal télévisé de 20 heures》，Isis Lamy 和 Jacques Chazot，ORTF 電視臺，1970 年 7 月 22 日

〈Treffpunkte Lagerfeld〉，SWR，1973 年 7 月 17 日

〈Collection Chanel〉，《Aujourd'hui, la vie》，Marie- José Lepicard，Ado Kyrou 執導，Antenne 2 電視臺，1983 年 3 月 11 日

Gaumont Pathé archives，1984 年 10 月 25 日

〈Portrait〉，Jean-Louis Pinte，Stefan Zapasnik，Pierre Sisser 執導，Denys Limon 和 Claude Deflandre 製作，FR3 電視臺，1987 年 1

月 23 日

〈Bains de minuit〉，Thierry Ardisson 呈現，Franck Lords 執導，
  Thierry Ardisson 和 Catherine Barma 製作，La Cinq 電視臺，1988
  年 3 月 4 日

《Journal de 13 heures》，William Leymergie 和 Patricia Charnelet，
  Antenne 2 電視臺，1988 年 3 月 18 日；Sophie Maisel，France 2，
  22 novembre 1997 年 11 月 22 日

《Journal télévisé》，Xavier Collombier，Midi Paris Île- de-France 電視臺，
  22 janvier 2002 年 1 月 22 日

〈Lagerfeld confidentiel〉，Rodolphe Marconi 執導，Grégory Bernard
  製作，24 octobre 2007 年 10 月 24 日

〈Double je〉，Bernard Pivot 製作主持，Bérangère Casanova 執導，
  France 2 電視臺，2003 年 2 月 27 日

〈Karl Lagerfeld, un roi seul〉，《Empreintes》系列，Thierry
  Demaizière 和 Alban Teurlai 執導，Éléphant 和 Falabracks，France
  5 電視臺，2008 年 10 月 3 日

〈Karl Lagerfeld: Le Grand Entretien〉，François Busnel，France Inter
  電臺，23 novembre 2012 年 11 月 23 日

〈Karl se dessine〉，Loïc Prigent 執導，Story Box 製作，Arte 電視臺，
  2013 年 3 月 2 日

〈Le Divan〉，Marc-Olivier Fogiel，France 3 電視臺，2015 年 2 月 24 日

〈Yves Saint Laurent, Karl Lagerfeld: une guerre en dentelles〉，《Duels》
  系列，Stephan Kopecky 執導，Et la suite… ! 製作，France 5 電視

臺，2015 年 1 月 1 日

〈1983: Inès de la Fressange devient l'égérie exclusive de la maison
Chanel〉，《Moment fort de mode》，Fashion network，2014 年
8 月 13 日

〈Un jour, un destin: Karl Lagerfeld, être et paraître〉，Laurent Delahousse
紀錄片系列，Laurent Allen-Caron 執導，Magnéto Presse 製作，
France 2 電視臺，2017 年 2 月 19 日

鳴謝

我要向那些始終信任我、傾聽我，並且關照我的人們，
致上最熱誠的謝意：

Fayard 出版社全體團隊。

如果沒有寶貴的見證人，這本書也不會誕生。在此感謝
Philippe Aghion，Daniel Alcouffe，Bernard Arnault，Thomas de
Bascher， Xavier de Bascher，Diane de Beauvau-Craon，Jenny
Bel'Air，Laurence Benaïm，Hans-Joachim Bronisch，Claude
Brouet，Danielle Cillien-Sabatier，Vincent Darré，Bernhard-
Michael Domberg，Victoire Doutreleau，Christian Dumais-
Lvowski，Pepita Dupont Hélène Guignard，Tan Giudicelli，
Corey Grant Tippin，Sylvie Grumbach，Ronald Holst，Jean-
Claude Houdret，Patrick Hourcade，Sylvia Jahrke，Elfriede
von Jouanne，Olivier Labesse，Sophie de Langlade，Frédérique

Lorca，Philippe Morillon，Paquita Paquin，Pierre Passebon，
Bertrand Pizzin，Janie Samet，Géraldine-Julie Sommier，Kenzo
Takada，Cheska Vallois，Bertrand du Vignaud，Karl Wagner。

　　我也要感謝 Laurent Delahousse。這本書衍伸自我為他的
電視節目《Un jour, un destin》撰寫腳本並執導的紀錄片，
由 Magnéto Presse 並在 France 2 電視臺播出。他公正且親切
的傾聽，給予我很大的信心。

　　同時感謝 Elfriede Leca，Marc Berdugo，Serge Khalfon，
Erwan L'Éléouet，Fabien Boucheseiche，Sarah Briand，Sophie
Tonelli，　以　及　Gabriel Buti，Dorothée Creel，Samantha
Baugard，Élise Bronsart，Floriane Gillette，Rémy Bidarra，
Pierre Barillet，Ludovic Simeon。

　　謝謝 Patrick de Sinety 和 Hervé Léger，他們的聲音始終迴
盪在本書的字裡行間。

　　作者與編輯感謝 Jean-Marc Parisis 參與撰寫本書。

鳴謝

Karl Lagerfeld卡爾拉格斐

時尚大帝墨鏡下的溫柔靈魂

原文書名	Le Mystère Lagerfeld
作　　者	羅宏·亞倫－卡隆（Laurent Allen-Caron）
譯　　者	韓書妍

總 編 輯	王秀婷
責任編輯	李　華
版　　權	張成慧
行銷業務	黃明雪

發 行 人	凃玉雲
出　　版	積木文化
	104台北市民生東路二段141號5樓
	電話：(02) 2500-7696｜傳真：(02) 2500-1953
	官方部落格：www.cubepress.com.tw
	讀者服務信箱：service_cube@hmg.com.tw
發　　行	英屬蓋曼群島商家庭傳媒股份有限公司城邦分公司
	台北市民生東路二段141號2樓
	讀者服務專線：(02)25007718-9｜24小時傳真專線：(02)25001990-1
	服務時間：週一至週五09:30-12:00、13:30-17:00
	郵撥：19863813｜戶名：書虫股份有限公司
	網站：城邦讀書花園｜網址：www.cite.com.tw
香港發行所	城邦（香港）出版集團有限公司
	香港灣仔駱克道193號東超商業中心1樓
	電話：+852-25086231｜傳真：+852-25789337
	電子信箱：hkcite@biznetvigator.com
馬新發行所	城邦（馬新）出版集團 Cite（M）Sdn Bhd
	41, Jalan Radin Anum, Bandar Baru Sri Petaling, 57000 Kuala Lumpur, Malaysia.
	電話：(603) 90578822｜傳真：(603) 90576622
	電子信箱：cite@cite.com.my

製版印刷	上晴彩色印刷製版有限公司
封面設計	楊啟巽工作室
內頁排版	薛美惠

城邦讀書花園
www.cite.com.tw

2019年　8月6日　初版一刷
售　價╱NT$ 450
ISBN　978-986-459-199-2
Printed in Taiwan.

國家圖書館出版品預行編目資料

Karl Lagerfeld卡爾拉格斐：時尚大帝墨鏡下的溫柔靈魂 / 羅宏.亞倫-卡隆(Laurent Allen-Caron)著；韓書妍譯. -- 初版. -- 臺北市：積木文化出版：家庭傳媒城邦分公司發行, 2019.08
　面；　公分　譯自：Le mystère lagerfeld　ISBN 978-986-459-199-2(平裝)
1.卡爾拉格斐(Lagerfeld, Karl, 1933-2019) 2.傳記 3.時尚
784.28　　　　　　　　　　　　　　　　　　　108011471